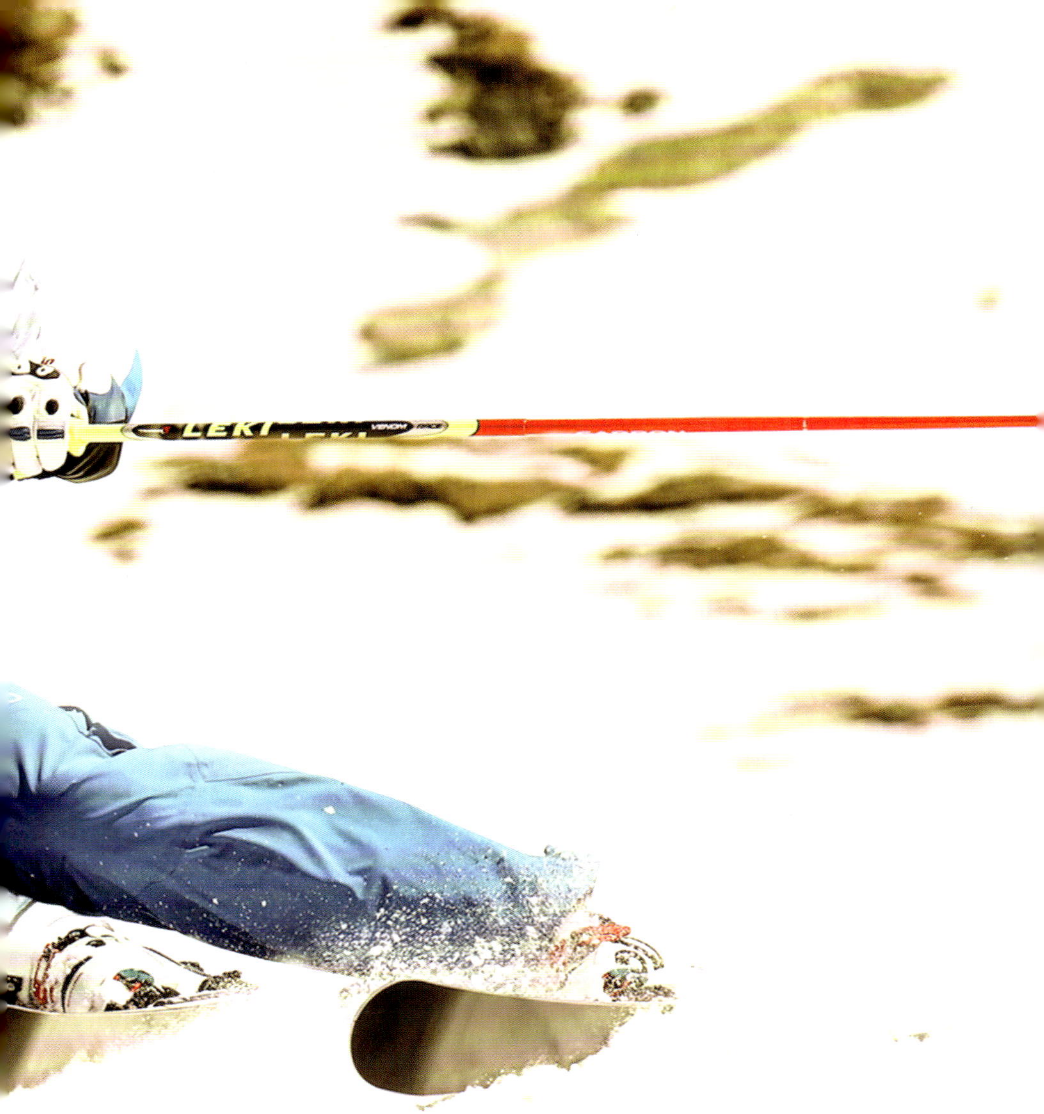
LEKI

国家体育总局运动能力评价与研究综合重点实验室

北京市运动机能评定与技术分析重点实验室

国家重点研发计划"科技冬奥"项目课题（课题编号：2018YFF0300603；课题名称：冬残奥运动员运动表现提升的关键技术）

国家重点研发计划"科技冬奥"项目课题（课题编号：2020YFF0304800；课题名称：冰雪运动推广普及关键技术产品研发及示范）

滑得更好

滑雪精进训练

［斯洛文］桑迪·穆罗维茨 (Sandi Murovec) ❉ 著

吴 昊 ❉ 主译

左 伟 黎健冰 于 艇 ❉ 副主译

北京科学技术出版社

著作权合同登记号 图字：01-2021-3104 号

图书在版编目（CIP）数据

滑得更好 : 滑雪精进训练 / (斯洛文) 桑迪·穆罗维茨 (Sandi Murovec) 著 ; 吴昊主译 . — 北京 : 北京科学技术出版社 , 2021.9

ISBN 978-7-5714-1669-0

Ⅰ . ①滑… Ⅱ . ①桑… ②吴… Ⅲ . ①雪上运动 – 青少年读物 Ⅳ . ① G863.1–49

中国版本图书馆 CIP 数据核字 (2021) 第 134910 号

策划编辑：曾凡容
责任编辑：曾凡容
责任校对：贾　荣
装帧设计：优品地带
责任印制：吕　越
出 版 人：曾庆宇
出版发行：北京科学技术出版社
社　　址：北京西直门南大街 16 号
邮政编码：100035
电话传真：0086-10-66135495（总编室）　0086-10-66113227（发行部）
网　　址：www.bkydw.cn
印　　刷：北京博海升彩色印刷有限公司
开　　本：880 mm × 1230 mm 1/32
字　　数：142 千字
印　　张：6.625
版　　次：2021 年 9 月第 1 版
印　　次：2021 年 9 月第 1 次印刷
ISBN 978-7-5714-1669-0

定价：98.00 元

中文版序

在中国，冰雪运动是长期以来不进山海关。从 2013 年申办冬奥会开始，我们就提出推动"3 亿人参与冰雪运动"的目标。

2015 年 7 月 31 日，北京申办冬奥会成功，这点燃了中国冰雪运动的火炬，激发了民众上冰上雪的热情。同时，冰场雪场如雨后春笋般蓬勃发展。

硬件的提升带来更大的软件需求，专业冰雪理论知识和技能培训就是其中之一。《滑得更好：滑雪精进训练》就是这么一本让人惊喜的专业书籍，为滑雪者提供打开精进之门的钥匙。

这是一本"国际化书籍"。作者是专业滑雪教练的全球组织——国际滑雪教练员协会董事会成员、技术委员会成员和顾问，能够提供世界上最好的滑雪教学资源、最新的滑雪技术和教学方法。这本书就是滑雪者接轨国际，学习国际先进经验的一扇窗。

这是一本"冠军书籍"。本书有奥运会和世界杯双料冠军蒂娜·梅兹的比赛视频和示范讲解，保证了书籍的专业品质，让读者能够以冠军为师，与冠军同行，勇敢追逐属于自己的"冠军梦"！

这还是一本"定制书籍"。无论是大众初学者，还是滑雪教练、体育教师或专业运动员，都可以找到适合自己水平的教学内容和训练计划，是滑雪爱好者精进滑雪技术、提升滑雪水平的"百科全书"。

读万卷书，行万里路。读一本好书，就是和许多高尚的人谈话；读一本好书，就像交了一个益友。这本书对爱好滑雪的人们来说就是一本好书，如逐梦路上的"明灯"，指引我们在上冰上雪"万里路"上行稳致远。

"有梦想谁都了不起，有勇气就会有奇迹。"愿所有冰雪爱好者以书为伴，以梦为马，在追逐冬奥梦、冰雪梦的路上勇敢创造属于自己的奇迹！

柳千训

体育经济学博士

北京冬奥会组委国家高山滑雪中心运行秘书长

序 一

在《滑得更好：滑雪精进训练》这本书中，桑迪·穆罗维茨（Sandi Murovec）不仅介绍了滑雪运动，而且介绍了一流的滑雪技术，因此使本书既有趣又实用。本书不仅可以帮助滑雪教练辅导初学者、训练青少年和成人滑雪运动员，而且对顶级滑雪运动员或滑雪队的自主训练也有帮助。

穆里（穆里是桑迪·穆罗维茨的昵称）曾经与不同年龄段的、不同水平的滑雪运动员（青少年初学者、参加过滑雪世界杯赛的顶级运动员等）一起工作过，他把与这些运动员合作的经验进行总结并写成本书，使得本书具有非凡的价值。穆里不仅在蒂娜·梅兹（Tina Maze）的滑雪职业生涯期间与其保持合作关系，而且在蒂娜·梅兹以非凡的成就光荣退役后也一直与其一起工作。一位作家还能从哪儿获得比这更好的信息呢？

穆里认识到滑雪运动发展的脚步不会停止，所以他要在人们摒弃老旧的滑雪技术之前，将研究获得的新技术带给大众。当我们谈及竞技滑雪的最高水平时，我们要认清一个事实，即不仅滑雪运动会发展，而且雪场、雪道和滑雪装备等各个方面也会产生巨大变化，这促使年轻的滑雪者们利用这些工具探索新方法以提高滑雪表现。这种发展将永无止境……

穆里不仅表达了自己的想法，而且还将从滑雪运动员和教练那里获得的实用的信息呈现出来。他呈现给读者的内容是许多滑雪专业人士关注的方面。他根据自己的实际工作经验、非凡的经历和渊博的知识进行研究，并公开自己新的发现，引起人们对变化的关注，并成功地将新的发现公之于众。可以说，穆里是真正意识到与高山滑雪有关的一切事物都在不断发展变化的少数专业人士之一！

本书介绍了很多知识。我认为有些内容是专门为竞技滑雪运动员的教练们编写的。我希望教练们能够认真阅读这些内容，将这些严谨的策略应用到自己的训练中，使训练更具有挑战性。书中介绍的练习多种多样，也有特殊的方法，严谨细致，符合现代滑雪技术原则，这将会使训练取得更好的成果。采用一种新的教学体系需要教练有信念、策略和勇气，也需要获得运动员及其父母的完全信任！

要想帮助运动员在比赛中具有竞争优势，我一直遵循"更多地做高强度练习，更少的训练量，更好地恢复"的原则。我根据自己长期担任竞技滑雪教练的经验，得出以下结论：穆里在本书中解决了许多问题，字里行间暗示了不论运动员的年龄和水平如何，教练需要更多地关注他们的竞争力。竞争力是竞技滑雪和休闲滑雪最基本的区别！

——菲利普·加特纳（Filip Gartner）

长期执教参加滑雪世界杯赛运动员的顶级教练[1]

---

[1]菲利普·加特纳是澳大利亚国家高山滑雪队和挪威国家高山滑雪队的前任教练。他执教的运动员荣获了9枚奥运会奖牌、28枚世锦赛奖牌、12次个人大满贯和251枚世界杯奖牌，是历史上最成功的滑雪教练之一。

序 二

如今要想成为一名滑雪大师虽然面临巨大挑战，但也并不是不可能。穆里在本书中介绍了大量简单易懂的知识，讲述了他多年来和不同年龄段的滑雪运动员一起工作的经验。这些滑雪运动员中既有一无所知的滑雪初学者，也有真正的世界一流的滑雪运动员。

这本专业图书的独特之处在于作者的独创性，而这份独创性也成就了一个世界知名的斯洛文尼亚滑雪学校品牌。我们勇于尝试，勇于挑战滑雪极限的做法让我们与其他滑雪强国的水平不相上下。斯洛文尼亚是第一个把卡宾技术纳入滑雪学校课程的国家，而奥地利、瑞士、法国等国家都强烈反对这一做法。

斯洛文尼亚虽然是个小国，但毫无疑问是滑雪强国。我们一直以来都把斯洛文尼亚滑雪学校的公信力建立在系统的专业工作和努力取得卓越的滑雪成就上。穆里长期担任滑雪示范者[1]，而且是斯洛文尼亚滑雪教练协会（SIAS）的管理成员兼专家团队成员之一。他在帮助斯洛文尼亚的滑雪学校拓展新方法、新理念以及促进其发展方面做出了巨大贡献。

---

[1]滑雪示范者主要是给滑雪运动员示范技术、技巧、练习方法等。——编辑注

几年前我们能严格区分现代教学法和传统教学法，然而今天很明显就只剩下一种教学法了，那就是根据滑雪运动员掌握的滑雪知识的实际情况而实施教学。我们应把每位初学者都看作是有潜力的滑雪运动员，所以我们的目标是在最短的时间内用一种最有效的方法教会初学者滑雪，但唯一的问题是这种教学方法是否适合每个人值得探讨。鉴于今天的滑雪初学者的练习初衷都各不相同，所以我们几乎可以肯定没有适用于所有人的最有效的方法。

虽然滑雪学校是面向所有人的，但是滑雪技术等级划分、知识的更新以及各种滑雪形式都侧重于竞技滑雪技术。在滑雪学校，青少年滑雪运动员须认真对待训练，具体的训练内容在**"依靠渊博的知识而非模仿""卓越的理解力，卓越的表现""少即是多""技术为王""接受、增加、提高""是天赋还是特殊感觉"**等部分中进行了详细的说明。

通过滑雪俱乐部和斯洛文尼亚滑雪协会（SAS）等组织的共同努力，我们对培训内容进行了有效的补充，制订可实现的目标并取得成果。

从不同的雪场条件、滑雪动作结构的复杂性和滑雪装备的细节来看，高山滑雪无疑是一项难度高且复杂的体育运动。过去，人们在体育研究上投入了大量精力去定义比赛的成功，评估获胜的基本因素，但这个研究项目太宽泛，所以我们无法简单、系统地分析决定一个人成功的所有因素。

我完全同意穆里关于滑雪技术的看法。学习技术应首先了解基本原理，再开始学习技术内容，然后用循序渐进的方法训练竞技滑雪技术。

本书在滑雪运动遭到批评的大环境下可能受到好评，也可能遭受差评。早在多年以前，国家邀请所有优秀的高山滑雪职业运动员以及持有不同意见的专家们共同制订"国家高山滑雪计划"（National Program of Race Skiing，NPRS）时，穆里就意识到了这一点。

""国家高山滑雪计划"是根据青少年滑雪运动员的身心发展特点而设计的，制定了滑雪技术水平标准，量化了不同年龄组的训练和比赛内容，同时提出了提高运动员心理素质的内容。这让今天的教练们觉得在制订计划及安排训练时很有帮助。

本书对"国家高山滑雪计划"的内容进行了详细说明。读者在理解并掌握高山竞技滑雪的技术要领外，还应注意一些概念的重要性。穆里在本书的最后一章专门强调了一些在体育运动中容易被忽视的重要概念。在快节奏的现代生活中，每个人都是生物—心理—社会的结合体，教练在训练中要因材施教。教练给运动员设定愿景和短期目标时要有区别，对运动员能力的动态监控也要区别对待。

运动员的不断进步首先要靠自己的努力，其次才是依靠教练的专业知识、经验以及其他因素。既不应低估事实，也不能高估事实。成功的基础和先决条件就是教练和运动员互相信任，以及教练对自己的工作负责。正如穆里所说，"你必须相信别人，并勇于迎接挑战！"

我用 3 个关键词来总结自己的想法，这 3 个关键词能解释滑雪大师的含义，即渊博的知识、创造力和勇气。本书中包含了大量专业的滑雪指导方法，以及有关滑雪要素的比喻和名称，这些都有助于教练和运动员从新的角度去发现并了解竞技高山滑雪。

穆里因其才华横溢而闻名，他把大部分时间都花在了滑雪运动上。他是一名出色的滑雪教练，也是世界知名的滑雪示范者、作家和电影制片人等。

我为我们在许多滑雪项目（以及其他项目）中建立的长期友谊而感到高兴和自豪。我深信我们的将来会遇到更多新的挑战！

——布莱兹·莱斯尼克（Blaž Lešnik）博士
SIAS 主席兼理事长

序 三

　　写点别人没写过的穆里的事情，我该写点什么呢？

　　要想出一个别人以前没使用过的词来形容他太难了。我想到的有：最好的示范者、创新者、开拓者……

　　也许我可以说在穆里诸多头衔中，他只是一名滑雪者，他对高山滑雪的喜爱促使他一次又一次地去思考、研究和创造。多年以来，穆里一直专注于持续探索新的滑雪技术、新的训练方法、单次转弯以及休闲滑雪上，这真的非常了不起。

　　当穆里打电话问我能不能写一写对《滑得更好：滑雪精进训练》这本书的看法时，我感到非常荣幸。我刚开始读了一点儿就明白了这本书不同于那些介绍传统滑雪方法和滑雪技巧的作品。本书里的主题不可能仅仅来源于瞬间产生的灵感，或是想法突现的结果，而是来源于他与最优秀的滑雪运动员一起工作时获得的大量经验。俗话说：站在巨人的肩膀上，我们能够看得更远。

　　穆里在这本书中把自己所知道的一切都倾囊相授。他在前言中谈论了对滑雪的认识，对渊博的知识和天赋等的看法。即使现在市面上已经有了很多类似的滑雪书籍，但穆里用一种独特的方式介绍了滑雪的各个方面。穆里根据自己非同寻常的经历和创新性思维，详细地介绍了滑雪的技术细节。尽管滑雪是一个非常宽泛的主题，但对细节的详尽描述总会引起人们的注意，并且给滑雪的各个方面赋予特殊的意义。

"现代滑雪理念"这一章非常特别。在这一章中，穆里和蒂娜·梅兹一起深入分析了滑雪技术。蒂娜·梅兹详细叙述了完成某些滑雪动作和姿势过程中的感受，这可以说是为本书锦上添花。

在"青少年高山滑雪技术教学"一章中，穆里详细介绍了适合各个青少年年龄组的训练内容和训练量，并且在最后着重强调了心理因素。心理因素是滑雪运动员将技术和技能成功转化为优异成绩的最后一道障碍。

我作为一名高山滑雪教练，一直致力开展多样的、不同寻常的、有代表性的训练过程。穆里认为运动员通过模仿其他运动员训练是很难超越竞争对手的，我赞同他的研究成果。诚然，一名运动员通过观察可以学到很多知识，但是如果他缺乏批判性思考，就很难超越现有的水平而取得进步。在这一点上，我和穆里的看法很相似。我们每次谈论某个运动员的滑雪表现时，穆里总有一些新的看法，如关于高髋关节姿势、踝关节发力、髋关节的灵活性等。

我在工作中会更多地考虑提升滑雪者的身体素质。我认为滑雪者在体能训练中就可以准确地模拟滑雪时的某些动作和身体姿势。在大部分时间里，穆里对现代应如何高效训练滑雪的准确描述对我都很有帮助。所以，我可以说，"当我站在穆里的肩膀上时"，我对身体素质提升的看法会更深入。

——安德烈·卢克兹科（Andrej Lukežič）教授

斯洛文尼亚国家滑雪队教练

前　言

　　《滑得更好：滑雪精进训练》（2019年）是继视频《立刃》（*The Edge*，2013年）和《七步登天》（*7 to Heaven*，2016年）之后的又一成果，是三部曲之一，同时也是最后一部。

　　我已经在我的第一本书的最后一章中透露了本书的写作思路。坦率地说，我当时还不知道具体要写些什么。实践再次证明，明确的主题需要很长时间才能思考成熟，而明确那些久经考验的一流表现或被证实的高水平表现的主题则需要花费更多的时间。

　　我承认创作最难的地方就是把所有想法用文字表述出来并写成书。在这个过程中，先要认真思考，然后要选择精准的词语和合适的写作风格。很多时候，我会花上一整天，甚至两天时间才能写出半页。但有的时候，我写作时又停不下来。

　　《滑得更好：滑雪精进训练》这本书有别于其他介绍滑雪的书，并不是因为我在书中写了一些成功的秘诀，而是因为我针对现代高山滑雪的发展会给我们带来什么变化而提出了一种不同的看法。换句话说，滑雪运动在不断发展，每个动作、每次滑雪都是不同的。不管是竞技滑雪，还是休闲滑雪，都无一例外。我无法确定是不是每个人都明白这一点，但是我对此保持积极的态度。请记住：学习滑雪是一场旅行，而不是一个终点。

　　我会用个人经验举例说明来引导你阅读各个主题的内容，这样可以让你更容易理解。书中会提出大量有关现代滑雪技术的问题和滑雪运动员在滑雪中通常会出现的问题，并给出解决方案。我认为成功的关键就是充分理解训练过程。

蒂娜·梅兹是斯洛文尼亚有史以来最优秀的滑雪运动员之一，在她的职业生涯期间，我作为她的私人示范者和她一起工作。我在第9章中将描述她对我提出的滑雪技术的看法和其对细节的理解，这些知识在大多时候都是普通旁观者无法知晓的。她的观点截取自视频《七步登天》的台词，在视频中我们分析了顶级转弯表现中最重要的"秘诀"，我们把这些"秘诀"简称为"现代滑雪理念"。

体育比赛没有绝对能获胜的秘诀，本书里提到的滑雪亦是如此。不过，我只谈论真正在滑雪场上发生过的，以及我实实在在做过的事情。没有猜谜游戏，没有长篇大论，也没有假设，只有事实和最终结果！

我确信本书将会受到很多滑雪爱好者、滑雪运动员和滑雪教练们的欢迎，同时也会是他们的好帮手。要参加比赛的滑雪运动员会发现阅读本书是他们更好地理解并提升自己滑雪技术的捷径。我要强调的是，尽管世界上有许多成功的经验，但并不存在什么制胜法宝，你也不可能在本书中找到。世界上只有不太有用和比较有用的方法。运动训练的基本原理都是一样的。

下面是惊喜时间！你将会在第12章中读到我的好朋友莎拉·伊萨科维奇（Sara Isakovié）关于克服恐惧的方法，她是斯洛文尼亚最优秀的游泳健将之一，曾荣获奥运会银牌，这证明了她是世界一流的运动员。她毕业于伯克利大学（Berkeley

University），主修运动心理学。她将在第 12 章中向青少年滑雪运动员、运动员家长和教练分享运动员关于恐惧和期望的实例。

我在书中介绍了不同的主题，以使本书具有更广泛的实用性。本书主要介绍了以下三大主题：

· 现代滑雪理念；

· UPS[①]训练体系；

· 青少年不同年龄组滑雪教学与训练。

每个人都能从书中学到很多。我希望你喜欢本书的内容，也喜欢由阿勒斯·菲维泽尔（Aleš Fevžer）和柯尔特·斯拉维科（Črt Slavec actions）拍摄的插图。这些照片可能让你联想到我在第一部视频结尾时总结的想法："生活很美好，滑雪亦是！"

虽然我脑海里已经积累了很多素材，只是等待某一天能写成书，但是我在拍完视频《七步登天》后，精力似乎被掏空了，很长时间都没有准备好开始写作。因为拍摄不仅费时费力，而且让我精疲力尽。

好在没过多久，我又有了创作的激情。人们常说老虎只有在饿的时候才会去捕猎，我完全同意这句话。我们在寻求更好的解决方案时总是会毫无理由地把事情复杂化，所以我想说一下我们的口号是"简单一点"。滑雪基本上和摇滚乐一样简单，不用考虑所有现代音乐的基本原则，只用三根弦、贝斯和鼓就可以演奏音乐！

桑迪·穆罗维茨

---

① UPS 是作者为其创立的训练体系命名的名。——译者注

最天真的一个逻辑就是重复做着相同的事情，而一直期待一个不同的结果！这是我经常会遇到但无法理解的一个逻辑，我同样不能理解这么想的人。

目录

17

第 1 章

依靠渊博的知识而非模仿

我在职业生涯中曾教过不少学生如何滑雪，其中既有初学者，也有许多参加了滑雪世界杯的运动员，以及其他人。这也是我多年来一直使用非传统的、不同的教学方法的原因。在过去10年间，有许多滑雪爱好者都采用了这种学习方法。

当我们与优秀滑雪者一起工作时，一味地照搬老方法和沿袭旧途径并不能达到目的，因为这样做是不够的。一个人要想真正取得成功，就要认识到方法和途径与最终执行方式之间的区别。为了使运动员完成高度复杂的动作，教练需要熟知每个运动员的天赋、实际能力，以及对细节的决策能力。运动员个体之间的差异通常会比我们想象的大。

我认为大多数教练缺乏执教初学者的重要经历，我可能有所夸大。我是从成人初学者和儿童初学者身上获得了学习滑雪基础技术最直接的方法，我称之为"为获得广泛技能的基本训练"。

初学者既没有滑雪经验，也没有滑雪失败的经历，更不会抱怨滑雪装备和外界条件。他们穿着滑雪装备，活动受限，并且无助地站在教练面前。他们的表情隐藏在雪镜下，头戴大号头盔，害羞地说："请尽快教我如何从这坡上滑下去，我下半生会一直感激你的！"尽管我们无法比较他们的知识水平，但他们出现的许多问题与最优秀的滑雪者或竞技滑雪运动员相似。

如果一个滑雪"菜鸟"（如从未见过雪，更别说滑过雪的初学者）出现了"坐姿"，那么有着数千千米滑雪经验的老手就不能再为同一个错误找借口。

滑雪者偶尔遇到一些困难可以归咎于滑雪装备，但是我确信任何对滑雪装备的长时间讨论都是白费口舌。教练们把一切希望都寄托在更换装备上，认为这能"拯救一切"，但他们是错的。

你用过租来的雪靴吗？试用一下，你就能明白我的意思。

我要送给竞技滑雪运动员的信息简单明了："既然你已经'坐'在了滑雪板上，那就好好干！虽然雪具维修师会保养你的滑雪板和雪靴，但是你必须自己照顾好自己的臀部。"

"我认为大多数教练缺乏执教初学者的重要经历。"

教练在解决其他滑雪技术的问题和错误时也会有类似的故事。为了能帮助初学者尽快实现自己的目标，掌握滑雪知识并提高滑雪水平，教练必须首先要分析出他们与优秀滑雪者相比表现差的原因。每个滑雪者都有自己的特点和方法。

初学者的滑雪基础完全相同，这是可以提前预测的。已经精通滑雪技术的人在追求提高技术的时候会屡次碰壁，无法靠自己克服障碍。如果你是他们中的一员就一定知道那种感觉。你在自己对滑雪基础的认知圈里打转，一边坚定地相信自己是正确的，另一边却在无休止地怀疑。你看起来离目标越来越近，但实际上是越来越远。你一直重复着这种循环，永无止境！

切记，照搬或模仿相同的事例并不是通向成功之路的正确方法。诚然，模仿是奉承别人的最佳方式，但是在大多数情况下，模仿只会得到相似的结果。

当然，我不想吓到任何人。相反，不管我说了些什么，解决办法并不是遥不可及。你需要放弃固执，听从专业人士的意见，并接受他们的专业建议。也许这与你目前的情况不相符，但这并不重要。滑雪的发展比看上去快得多，如果你愿意承认这一点，那么就应该没有什么问题了。

我的经历完全证实了这个说法。

训练多流汗，比赛少流汗。

只有最优秀的运动员才能洞悉并拥有未来。

第 2 章

卓越的理解力，

卓越的表现

事实上，滑雪是一项极其复杂的体育运动。滑雪者不仅要掌握复杂的知识，而且要掌握复杂的滑雪技术。当我们谈及运动员极佳的滑雪表现时，他们除了要有卓越的心理素质、生理表现、高水平的专业技术等，还要对滑雪这项复杂的运动有卓越的理解力。这样说似乎很合乎逻辑，甚至是理所当然的，但是实践证明事实完全不同。卓越的理解力是被人们低估的能力。我是从长期与一流的滑雪者和其他竞技滑雪运动员一起工作中得出的这个结论。

如今，我们拥有技术、战术、装备、营养、体能和测试等层出不穷的信息。每个人对滑雪技术的了解不只是局限于运动员和教练之间的对话。运动员与教练之间的对话更类似于执行某些命令，如"不要思考，只管滑"，而不是试图去弄明白每个动作的原理，但是任何完美的滑雪表现都需要运动员清楚地理解每个滑雪动作。

> **"卓越的理解力是被人们低估的能力。"**

我觉得影响掌握卓越技术、获得胜利的最直接因素有以下几个方面：

·适当的身心准备；

·适当的营养补充和休息；

·具有渊博的知识，精通滑雪技术；

·具有空间感知能力；

·能在特定的雪道设置、地形及雪况下滑雪；

·熟知滑雪的方方面面。

如果用汽车术语来说明理解力的重要性的话，理解力就相当于汽车转向系统的电子元件，用最直接、最理想、最精确的方式将力量、技术和战术整合起来。

> **力量是驱动力，技术是执行力，战术是决策力，理解是决胜力。**

运动员对滑雪的理解问题通常很早就出现了。一般认为对滑雪的思考是教练做的事，而青少年只是执行"命令"。

尽管青少年都是极其聪明的观察者和模仿者，但他们很少会质疑成人。他们在信任成人的同时也不知不觉落入了陷阱，特别是当他们还没有理解滑雪动作就进行练习的时候。

青少年应理解每个滑雪动作，这有利于他们充分了解滑雪，从而更轻松地提高滑雪技能。即使我们已经按照年龄段调整了滑雪术语，但我们无论何时都不应该低估青少年的理解能力。

我曾多次提到滑雪技术在不断发展，个人的技术特点、细节和角色同样在发生变化。有些技术过去曾神圣无比，但现在可能已不再适用，或者已经升级成了新技术。

教练应关注滑雪技术的变化，因为了解、认识和理解新技术是未来工作的基础。

最优秀的滑雪者和现代滑雪板为滑雪运动带来了新发展，但我并不认为这些新发展是杰出者的独特性的短暂转变，或是他们的瞬间灵感，而是一个在将来不可战胜的事实。

第 3 章

少即是多

据我所知，有很多教练（大多是青少年的教练）在教运动员学习滑雪新技术时是按照"一步到位，尽可能多"的原则来组织训练的。遗憾的是，结果往往事与愿违。正确的做法用建筑行业的话来说就是，只有房子建得差不多了才能开始盖屋顶，不能过早。

也许"即刻、一切、此刻"这些词反映了我们生活的快节奏。我们想得快、吃得快、打字快、走得快，甚至说话也快，所以我们希望身边的一切都要快。UPS 训练体系在很多方面和这一点很相近，但它仍是一种高端技术，需要教练有极大的耐心，特别是在制订合理的训练计划时要有耐心。

今天的青少年，以及我们这些成年人都认为梦想很容易就能实现，但是在滑雪运动上这是不可能的。

训练体系和训练方法既要纠正滑雪者现有的错误，也要避免滑雪者出现新的错误。更确切地说，即使纠正滑雪者某个失误的方法非常合理，但这并不意味着同样的方法可以在任何时候都适用于所有滑雪者。如果滑雪者理解不充分且练习方法不当，错误不仅无法得到纠正，还会变得更严重。

> **"训练体系和训练方法既要纠正滑雪者的现有错误，也要避免滑雪者出现新的错误。"**

我的目的并不是要指出最常见的教学方法的缺陷，而是要介绍我认为主要影响训练成果的内容。我专门使用了柯尔特·斯拉维科拍摄的精美照片来呈现地形。你可以在"青少年高山滑雪技术教学"一章中欣赏到这些照片。

下面是主要影响滑雪者训练和最终结果（成功或失败）的具体内容：

（1）在不低估或高估的情况下，正确处理信息；

（2）正确选择、安排和理解纠正错误动作的要点；

（3）纠正错误动作的要点数量合理，并给出解释；

（4）要坚持，要有耐心；

（5）动作准确比动作优雅更重要；

（6）合理制订年度训练计划。

英格曼·斯滕马克（Ingemar Stenmark）是一个时代的完美典范。

第 4 章

技术为王

在滑雪的世界里，技术一直是讨论的热门话题，但一个有趣而矛盾的事实是人们在滑雪基础技术上投入的时间越来越少。这让我想起有些医生一边吸着烟一边宣传吸烟有害健康。人们都非常清楚吸烟的后果，但很少有人真正愿意戒掉吸烟这个坏习惯。

我认为技术是滑雪者实现目标最直接的工具，他们用技术完成最后的"滑行"（表演）。不论我们在身体和心理上准备得多么充分，获取了多么有利的信息，配备了多么棒的教练团队，最后的任务都是一样的——从斜坡的最高处滑到底，或者是从起点滑到终点。

顶级滑雪选手的表现则更加清晰且复杂，即竞赛的目标是以最短的路线、最快的滑行速度，将自己从起点移动到终点。

在特定的时间和特定的条件下，近乎完美的滑雪表现是由一系列细致的动作组成的。要做到这一点就需要有深层次的知识、丰富的经验，最重要的是技术娴熟，而这远远超出了我们肉眼所能看到的一切。

有许多技术细节是我们肉眼看不见的，有些是常年训练积累的，但大部分只能在某个特定的年龄段习得。如果我们已经错过了，那么只能学习相似的内容。如果运动员将动作都刻在了骨子里，就会在比赛中创造无法超越的优势。

　　滑雪技术在不断地变化、调整和完善，其发展是永无止境的，这一点无须赘述。在这一点上，滑雪和其他体育项目并没有什么不同，这也是事实。我们需要跟上滑雪技术不断发展的步伐。毫无疑问，所有滑雪教练或从事滑雪教育工作的人都应该懂得这些道理。

> **"滑雪大师不断涌现。他们在努力完善个人技术细节的同时，也在想办法更进一步。"**

　　在观察最优秀的竞技滑雪运动员的过程中，我发现他们的进步尤其引人注目。他们决定了滑雪的极限，代表了他们所处时代的标准。我认为他们还是一个永不枯竭的数据源。

　　"时机""精确度""节奏""速度""流畅性"，这些词你可能听说过，它们是决定运动员每次转弯表现的最重要因素，我也非常同意这个说法。只有一流的滑雪运动员才能发挥出近乎完美的滑雪水平，其他人都只是在模仿罢了，只不过有的人成功了，而有的人却失败了。从白雪皑皑的坡上滑下去，不断地追求完美的滑雪表现，既是一项挑战，也是滑雪运动的最大魅力所在。

　　当一流滑雪运动员们滑过旗门时，我们一次又一次地被他们合理的倾斜角度、精湛的滑行技巧、对动作细节的出色处理、睿智的战术安排等所折服。他们凭借非凡的体能，依靠直觉来选择最省时的滑行路线，并且对赛道中的陷阱迅速做出反应。

　　多年以来，我一直对于这样一个事实极感兴趣，即滑雪运动非常公平，有时候竞争甚至有些残酷，这也使得滑雪高手不断地出现。他们在努力完善自己的技术细节的同时寻求更多进步。这时，我就会问自己：人类的极限在哪里？人类真的有极限吗？

我很幸运能和滑雪大师们共事多年。接近滑雪大师的"特权"把我带进了极限滑雪世界，为我提供了许多重要和别人难以获得的信息，这些信息，就包括了你在本书里读到的内容。

今天的滑雪运动已经不再是过去的样子了!

第 5 章

学无止境

　　为了方便读者更好地理解本章的题目，我在此引用一个众所周知的例子。双腿和滑雪板尽量并拢的做法在过去是一种"理念"，如今却被要求少用，因为这会与预期的目标相去甚远。我指的不是审美问题，而是一个简单的滑雪姿势，即在滑雪板明显并拢的情况下，大多数滑雪者的踝关节保持静止（高水平滑雪者除外），就不会发生"A-V"效应。

　　在实际练习中，踝关节活动（倾斜）不一致会使两个膝关节呈"A"字形，从而导致山上板侧滑失控，并且与山下板呈"V"字形。在这种情况下，运动员无法使用卡宾技术，从而造成速度下降或数百秒的时间损失。

　　就拿朝着预期方向旋转滑雪板这个动作来说，旧的滑雪技术比较保守和僵硬。例如，旋转肩关节以偏离滑行方向、在踝关节发力之前大幅度弯曲髋关节、用力大幅度推板尾与滚落线垂直（即被动扫雪）等滑雪技术已经过时。实际上，这些技术已经被新技术所取代，在滑雪时必须尽量避免，当然也无须不惜一切代价做到这一点。总而言之，虽然我们仍然可以按照旧技术用新型滑雪板滑雪，但是我们将无法利用新型滑雪板所带来的优势。旧的滑雪技术在当时绝对有用，如今对它进行批判既不合适，也不公平。如果你还喜欢旧技术，那你就继续使用。我们很难忽略甚至否认这样一个事实，即每个人的滑雪方法不同，使用的装备也不同。

> **"当我们使用新型滑雪板时，我们再次成为了学生！"**

人们经常会问我："你能看一看我的滑雪动作，给我一些有用的建议吗？"

"我当然很乐意，但是你先告诉我你喜欢滑雪吗？"

如果回答是肯定的，那我会对他们说他们不需要穆里建议，更不用改变滑雪技术。滑雪是为了享受滑雪带来的乐趣，而不是要其他人评价我们滑得很好。

越来越多的滑雪者开始这样回答我："不是要得到别人的好评，而是我想去真正体验现代滑雪的魅力，享受它带来的快感。"

在这种情况下，我们需要了解滑雪技术的变化，并且尽快适应这些变化。当我们使用新型滑雪板时，我们再次成为了学生！

竞技滑雪运动员也不例外。学习滑雪技术是一个永无止境的过程，也是恶性循环的一部分。这个循环涉及滑雪装备、滑雪前准备、持续改进滑雪技术、滑雪者对新技术的身心准备，以及适应不同的滑道等方面。现代技术可以生产出越来越高级的滑雪板和其他装备，以及设置同样重要的极端雪道。我们需要调整滑雪技术，以充分利用所有这些改进条件。

鉴于雪道的新规定，滑雪运动员必须拥有优秀的心理素质和身体素质，并且需要再次更换新装备……

> "我认为滑雪技术是最直接的工具，滑雪者用它完成最后的'滑行'。"

马塞尔·赫希尔（Marcel Hirscher）就是一名集天赋和感觉于一身的运动员。

第 6 章

新事物和卡宾技术

不是一切

　　不管我们愿不愿意接受，新事物总是不断地影响滑雪运动。在这一点上，我们甚至无法明确划分竞技滑雪和休闲滑雪之间的界限。如今，新型滑雪板的诞生使普通人的滑雪方式更接近于竞技滑雪运动员的滑雪方式，所以竞技滑雪和休闲滑雪之间的界限就会更模糊。而我们要做的就是了解新事物带来的挑战，包括滑雪场地形、新方法和运动员的创造力，以此作为找到更好的滑雪技术的依据和基础。

　　随着滑雪装备和技术不断发展，我们也在研发与之相对应的训练内容和训练方法。最优秀的滑雪者和现代滑雪板为滑雪运动带来了新体验。我并不认为这些新体验是杰出者的独特性，或是他们的瞬间灵感，而是一个成为未来准则的事实。尽管现代滑雪板最初是在滑雪爱好者中发展起来的，职业滑雪运动员后来才开始使用，但我可以肯定地说，职业滑雪运动仍然代表着创新的中心和滑雪技术发展的新趋势。随之而来的问题是教练是否能够顺应新趋势，并且针对各个年龄组的滑雪者调整这些新趋势。

　　如果我们把旧滑雪技术与新滑雪技术进行比较，就会发现滑雪运动已经发生了翻天覆地的变化。今天的滑雪运动已经不再是过去的样子了！滑雪者充分了解现代滑雪运动至关重要。

　　高级滑雪的特点不只是随时随地使用卡宾技术来转弯，这是人们对高级滑雪的误解。卡宾技术虽是单次转弯的最高水平，但并不是滑雪技术的最高水平。在难度最高的地形条件下，我们需要灵活使用侧滑（脚部旋转）和卡宾（脚部翻转）技术，同时要控制速度。不论滑雪者的身体倾斜程度或雪道条件如何，只有在任何地形条件下都能灵活使用侧滑技术和卡宾技术、控制好速度的人才是真正的滑雪大师！

在现代滑雪技术中，身体随转（或身体旋转），即身体始终跟随质心的预期路径已经不是最重要的了。滑雪者不再使肩轴偏离滑行方向，而是恰恰相反，即直接朝向新的转弯方向。滑雪者用这种方式为踝关节和膝关节做动作留出空间。这样滑雪者在满足高速要求的同时完成双板立刃，通过雪面的反作用力得到强有力的支撑，也可以使身体最大限度地倾斜。

虽然滑雪者可以在每次转弯中从头到尾使用卡宾技术，但它并不是唯一正确的、最理想的滑雪方式！我再说一遍，能够控制速度的滑雪技术才是最重要的。

追求完美是拥有一流滑雪技术的必由之路。

第 7 章

接受、增加、提高

一名滑雪运动员无论多么优秀，他在追求完美技术时必须要有耐心和毅力。这一点同样适用于所有那些同滑雪运动员打交道的人，包括教练和运动员家长。

你不应该只注重现代滑雪技术中最重要的特征，而应该是所有特征。细节决定成败，我们不应该忽视细节。实践一次又一次地证明细节既能把"天堂"变成"地狱"，也能把"地狱"变成"天堂"。所以，我们永远都不能停下开发潜力的脚步。

我要强调的是滑雪技术训练并不是一项活动，而是一个过程。滑雪者要在这个过程中考虑到各方面因素，如个人的潜力、发展阶段、已掌握的技巧以及在某一时期提升技术的能力。

由于滑雪技术和竞技滑雪运动员都在不断地发展，因此教练可以在滑雪比赛中、与运动员的接触中和训练中寻找后备滑雪人才。我上面提到的过程非常复杂。在这个过程中，教练需要充分了解运动员各方面因素，同时还要考虑到对运动员个人技能发展有决定性影响的所有特殊情况。

识别缺陷和潜力是进步的基础，对竞技滑雪运动员来说也是如此。这同样适用于休闲滑雪者。他们也想把自己的滑雪技术提升到最高水平。学习现代滑雪技术看似简单，但在实践中并非如此。事实证明，让滑雪者摆脱刻板印象通常比理解并掌握新技术困难得多。

要想成为一名优秀的滑雪运动员，那么在各个方面都要表现得非常出色。运动员和教练只做好本职工作是不够的，还必须体会滑雪带来的快乐，以促使其不断努力和渴望进步。你既不要害怕以不同的方式思考，也不要害怕与别人不同。你唯一要做的就是必须知道自己在做什么。如果你有自己独特的观点，并且坚持己见，那么毫无疑问，你会给人留下深刻的印象。另外，如果你富有激情且真心喜欢自己的工作，那么没有什么可以阻挡你进步。

当然，每次成功都需要付出努力，这并不稀奇。成功（success）排在泪水（tears）前面的唯一地方只有字典。

> "滑雪技术训练并不是一项活动，而是一个过程。滑雪者要在这个过程中考虑到各方面因素，如个人的潜力、发展阶段、已掌握的技巧以及在某一时期提升技术的能力。"

"愚公移山是从搬小石头开始的！"

第 8 章
是天赋还是特殊感觉

亚内兹·斯密特科（Janez Šmitek）是一位我非常尊敬的专家。他是一位世界知名且富有魅力的高山滑雪教练。他曾说过："如果一名滑雪运动员本身并没有什么天赋，那么想取得优异成绩的想法就是无稽之谈。至于天赋是什么，我们就不在此进行讨论了。不论训练计划安排得多么完美，没有可造之处便不可能实现雄心壮志。"

我们经常会听到一名滑雪运动员之所以优秀是因为他或她有天赋。这句话有一部分是正确的，但并没有告诉我们更多信息。

我所理解的天赋主要是指一种天生的潜力，给一个人提供了一种可能性，让他以远超其他人的平均表现水平完成最终的滑雪目标。

当我说"提供了一种可能性"时，我首先想到的是一个无可争辩的事实，即精心计划和努力训练是运动员无法用天赋来代替的，这也为运动员取得卓越的成绩提供了更多机会。

我不是研究人类科学的专家，但我认为简单地依靠天赋，或者更确切地说，将天赋看作成功的主要因素是非常肤浅的。

正是我们努力去寻找"天赋"和所谓的"特殊感觉"之间的不同才让我真正地去思考给最优秀的滑雪者"贴标签"或寻找"最优秀"的滑雪者这个永恒的主题。乍一看天赋和特殊感觉似乎没有什么不同，但是我认为两者是有区别的。我们经常会听到运动员对滑雪板、球、水、空间移动等有着特殊感觉，我完全同意这个说法，并在此补充我自己的理解。

运动员超水平发挥取决于交感神经系统的质量。交感神经系统将冲动从运动皮层传递到执行动作（如手眼协调、施力、平衡、反应时等）的肌肉。如果信息传递优于平均水平，我们就可以说特殊感觉只不过是刺激知觉的超能力，这种能力可以通过适当的训练得到进一步增强。以下内容非常重要：天赋并不等于特殊感觉！天赋不止如此。天赋还体现在运动员的能力高于平均水平，能以最高的标准自主完成一整套动作，而这一切都是同时使用遗传学、感觉和其他身心潜能而实现的。

我总结一下：天赋和特殊感觉之间的区别引导教练进一步开发滑雪运动员的潜能，帮助他们制订更好的解决方案，尽可能让他们获得更广泛的滑雪技术。

> 因此，教练为运动员制订多样的训练计划是非常重要的，通过这些训练计划来合理地激发运动员的潜能，并培养他们的各种感觉。

不论一名滑雪运动员的天赋有多高，任何单一形式的练习或单调的训练都会适得其反。这样的训练不仅会限制运动员获取新的知识，而且会强化某些模式，最终导致他们无法对遇到的各种情况做出正确的反应或无法适应遇到的各种情况，这样他们的滑雪表现就永远不可能完美。

一名滑雪者的真正能力是在极端条件（能见度差、出发顺序靠后、滑道受损等）下展现出来的，而不是在理想的训练条件下展现出来的。

滑雪知识是一个宽泛的概念，我们不能简单地只把它与滑道设置联系起来。也许传奇人物菲利普·加特纳的想法很贴切："无论是运动员还是教练，天赋和感觉都是天生的！"

"如果我没有提高滑雪技能的欲望，那么我就不会知道滑雪一直在发展。我每次都是怀着比之前滑得更好且没有极限的想法去训练。实际上，谁也不知道自己的极限在哪里……"

第 9 章

现代滑雪理念

　　我花了一段时间来思考这一章要写的内容，我不得不提2016 年拍摄的视频——《七步登天》。在这个视频中，我和蒂娜·梅兹还原了滑雪训练的场景，我俩分别以运动员和示范者的身份说出了在体验某些技术后的看法，统一、完善了这些技术并进一步提升了这些技术。

《七步登天》介绍
（免费视频）

　　从竞技滑雪的角度来看，成功取决于诸多因素，但滑雪技术始终是运动员成功的主要因素。滑雪运动员的滑雪技术与其知识水平成正比。为了方便理解，我在此引用巴顿（Patton）将军的一句话："穿鞋的士兵只是个士兵，而穿战靴的士兵是个战士！"如果基础滑雪技术代表士兵的鞋子，那么高级滑雪技术就相当于战靴。与一流滑雪者（滑雪技术发展的主角）一起解决技术细节问题是一件很特别的事情。优秀的运动员只针对滑雪技术或技术细节开展训练，且训练所需时间通常只占整个训练时间的较小比例。时间非常有限，所以运动员们必须尽快确定自己努力提升的方向，投入尽可能多的时间在理想的条件下进行滑雪技术训练。

　　"努力提升"到底是什么意思呢？

　　即使我知道你们很可能会接触许多理论知识，但我还是会分享一些实例和解决方案，因为我希望所有人都能成功。

如果你不吸收任何信息，那么你将一无所获！提高滑雪技术水平也是同样的道理。要想成功地提高技术水平，那就要获取最好的且经过实践检验的信息。

> **"滑雪运动员获胜的信念越强烈，拥有的知识越多，勇气越大，那么他或她成功的机会就越大。"**

虽然我还可以加上运气这个成分，但是一个人不能过分依赖运气。好的运气必须能被简单地激发出来，所以我认为在体育运动中并不存在好运气。人们可以相信有好运，但不能指望或依赖运气。简单地说，好运就是一个无解的方程式。

本书的重点即现代滑雪理念是我根据大量的训练和分析结果总结出来的。我认为现代滑雪理念不仅是滑雪运动员，而且是每个滑雪者都能成功完成回转的关键。我和蒂娜·梅兹在视频《七步登天》（2016 年）中也讲到了这点，但是因为视频时间有限，我们无法给观众进行详细的介绍。我坚信本章的内容、插图、认真分析得出的结果、介绍以及建议会让现代滑雪理念更加容易被读者理解。

当然，滑雪技术训练并不总是有趣的！无论是自由滑雪还是滑过旗门，训练都相当艰苦，甚至是异常艰苦。我对滑雪训练的总体看法是：如果你既没有从中得到乐趣，又不喜欢它，那么你一定是做错了什么（但不一定是你的错），又或者是你选错了运动项目。

理念一：打开身体"进攻"

第一条现代滑雪理念被命名为"打开身体'进攻'"，即朝着滑雪者质心预期移动的方向主动打开肩轴。这听上去很复杂，其实不然。

在滑雪开始阶段，滑雪者立即开始"进攻"，这样他或她就会毫不犹豫使肩轴向前，直接转向新的转弯方向，与自身质心预期移动的轨迹一致。质心的移动轨迹（质心移动的圆周线，见下图）比滑雪板滑过的路线更加向内移动。滑雪者在做这个动作时的感觉就好像要从悬崖边上飞跃而出一样。滑雪者摆出的身体（尤其是髋关节）姿势在转弯时应该能让踝关节和膝关

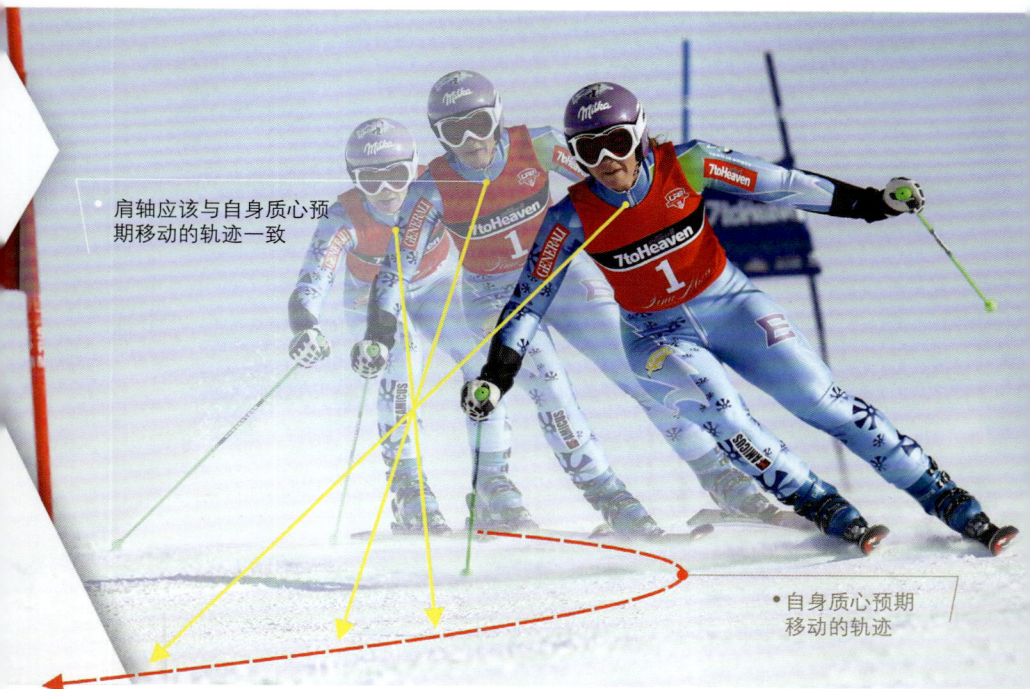

肩轴应该与自身质期移动的轨迹一致

自身质心预期移动的轨迹

节同时发力。最重要的是膝关节的姿势。

如果滑雪者的肩轴偏离滑行方向，他或她就会改变髋轴，并且直接影响山上脚踝关节和膝关节的动作。这样便在一开始就扼杀了成功的转弯。谨记："打开身体'进攻'是第一个理念！"

自由滑雪也应遵循同样的理念。因此，无论滑雪者如何完成回转，是旋转脚步还是翻转脚部，或者两者兼有，都应打开肩部，形成一个能使脚踝和膝关节同时发力的姿势。

最常见的错误

· 在踝关节发力之前，髋关节已经推动身体完成了回转；

· 肩轴偏离质心移动的方向；

· 山上板在入弯时有明显的多余动作（轴转）；

· 山上脚踝关节的活动受到限制。

蒂娜说

我认为打开身体"进攻"指的是激活腹部肌肉，吸气向上提肚脐，让躯干呈结实稳固之态。当滑雪者站在滑雪板上准备"进攻"时，不应该面朝山上"关闭"身体，这会降低速度。滑雪者朝转弯方向时"打开"身体就不会降低速度。

⭐ **穆里建议**

在开始一个新的转弯时，不要使肩轴偏向左或偏向右，应保持与上一次转弯时相同的姿势不变，并且引导其朝向自身质心预期移动的方向。请确保山上侧肩没有朝山上侧侧倾而是依靠山上板完成转弯。大部分体重应放在山下板上，两个滑雪板的板头保持平行，山上板可以稍稍在前。滑雪板在这个阶段不涉及轴转。

滑雪者的姿势（质心）应处在半高位置，但也不能太高。髋关节应高于膝关节，可以稍微前倾，但绝不能靠后！

❄ 练习方法

练习 1：走钢丝

双手分开握住雪杖，将雪杖水平放置在身体前方。雪杖不能向两边倾斜。这将帮助你控制肩轴的位置。

练习 2：欢乐人

双手放在髋关节处，大拇指指向前。保持正确的肩轴位置，朝新的转弯方向"进攻"。

练习 3：身前抛球

滑雪时，山上侧手握一个网球。每次换刃时，滑雪者把手里的网球换（扔）到另一只手上（山下侧）。

注：如果你手边没有网球，也可以用雪杖替代。

练习 4：指示器

手臂放松并伸直以保持身体平衡，山上侧手臂准备发力。内侧手模仿指示器反复握拳、松拳。山下侧手臂不要伸得太直。

练习 5：雷达

双手放在脖子后面，肘关节伸直，并保持放松状态。身体呈半高姿势。手臂在每次转弯之前朝向质心预期移动的方向。

练习 6：使用短滑雪板

使用短滑雪板（90 厘米或 125 厘米）也可以完成以上练习。注意力集中，身体重心靠前，用力蹬山下板。注意使用组合技术和卡宾技术。

注：所有练习要在较宽的雪道完成。

　•　强烈建议使用
　　短滑雪板

理念二：踝关节发力

我们称第二条理念为"踝关节发力"。

踝关节是在滑雪者、滑雪板以及滑雪场地三者之间传递能量的枢纽。踝关节迅速翻转、直接立刃、准备转弯，即卡宾技术。滑

理念二（付费视频）

雪者若想要有好的表现，山上脚和山下脚的踝关节就需要同时发力，也就是说滑雪者要同时翻转双脚踝关节。

注：如果滑雪者做不到第一条理念的话，第二条理念是不可能完成的。

山上脚和山下脚踝关节的快速翻转使踝关节、胫骨、膝关节带动整个身体以一致的角度倾斜。最后的结果是质心的移动轨迹大大偏离了滑雪板刻滑时留下的痕迹。竞技滑雪者证实了刻滑痕迹最极端的情况，同时证明了竞技滑雪的"物理问题"，即寻找最短的路径，用最快的速度将自己的质心从起点移动到终点。

在休闲滑雪中或使用非竞赛（休闲用）滑雪板滑雪时，我们需要关注滑雪板独特的侧切设计。由于这种滑雪板的几何特性，同时翻转踝关节完成卡宾技术是较难的，这也是卡宾滑雪板存在的主要原因。

注：不使用现代滑雪装备是根本无法完成卡宾技术的。更糟糕的是使用旧式滑雪板进行刻滑时容易摔倒。

当我提到在转弯时要翻转踝关节，你可能会问这能做到吗？当然能。踝关节的动作加上雪靴的动作使能量在滑雪者和滑雪板板刃之间以最快的速度传递。

最好的一个练习是滑雪时在两个膝关节之间放一个气球。

在分析踝关节动作时，我们不能仅凭基本姿势或滑雪板之间的距离就妄下结论。滑雪板间的距离是转弯成功最重要的一个细节。每个滑雪者对于滑雪板的位置都有自己的习惯，但必须注意不要太极端，以免影响滑雪表现。

滑雪板之间的距离主要取决于滑雪者质心的高度（姿势）

和滑雪速度。滑雪者的质心越低，滑雪速度越快，滑雪板之间的距离就越大，这是合乎逻辑的。

尽管如此，我还是要指出以下几点错误：

（1）换刃时，滑雪板之间的距离太宽。这将无法快速翻转踝关节。因此，滑雪者通常要在转弯时通过髋关节先发力来弥补山上脚踝关节发力（翻转）不足，甚至限制踝关节的动作，从而使膝关节呈"A"字形，而滑雪板呈"V"字形，进而发生侧滑、山上脚损伤和速度降低的问题。

（2）回转时，滑雪板之间的距离太宽。这是因为髋关节在转弯时发力过早，阻碍了山上脚踝关节发力，导致滑雪板呈"V"字形、侧滑失控，甚至拉大了滑雪板之间的距离。由于髋关节先发力，就算山上脚踝关节不发力，山上板立刃不足，滑雪者的质心还是会过快地偏离滑雪板而落入弯中。滑雪者以这种姿势滑行很容易摔倒，所以会下意识地加大滑雪板之间的间距。虽然滑雪板的支撑面变大了，但滑雪板切入雪面时会导致转弯直径变大，速度减慢。

最常见的错误

· 山上脚踝关节活动受限，发力不足；

· 山上板（轴转板）在转弯时有明显动作，从而妨碍了山上脚踝关节发力；

· 滑雪板之间的距离太宽；

· 在完成转弯时，膝关节呈"A"字形，滑雪板呈"V"字形；

· 侧滑失控，速度减慢。

👑 **蒂娜说**

　　踝关节—胫骨前肌—大脚趾发力，我最艰苦的训练是一边感受胫骨前肌发力，一边用大脚趾去感受地面。肚脐是个好帮手，它在吸气时内收可以帮助踝关节和胫骨发力。最重要的是使盆骨与地面保持平行。

⭐ **穆里建议**

　　牢记首先是踝关节发力，其次才是髋关节发力。

　　如果你朝着转弯方向或沿着自身质心预期移动的轨迹打开肩膀，那么紧接着就是翻转踝关节。此时，滑雪者和滑雪板板刃之间的距离最小，翻转踝关节和侧切可帮助滑雪者完成下一个转弯。如果滑雪者迅速果断地一次性完成了立刃，就获得了抓地力，从而能够出色地倾斜身体。

　　滑雪者在换刃过程中要确保身体姿势不要太高，而是保持身体半高的姿势。

● 两脚踝关节同时发力（翻转）

● 踝关节、胫骨和膝关节倾斜的极限角度

❄ 练习方法

练习 1：开核器（夹球滑雪）

在两膝关节之间放一个大小适中的气球，转弯过程中保持气球不掉落（就像用开核器夹开坚果一样）。此时，膝关节和滑雪板之间的距离是最合适的。有气球隔离，山上脚踝关节会自动发力，而滑雪板之间的距离也会保持不变。

注：如果没有气球，可以用自己的拳头代替。拳头握成球状，夹在两个膝关节之间。

练习 2：弹力带辅助练习

将一根足够长的弹力带的两端打一个结，形成一个环形，然后套在两只雪靴上。这个弹力带套必须够长，长到可以使踝关节或滑雪板保持最佳距离。转弯时，滑雪板在分开时，弹力带拉紧但同时不会超出滑雪板之间的最佳距离。

练习 3："超人"的姿势

首先以"超人"的姿势完成单次卡宾转弯，然后在缓坡、中等坡度或陡坡的地形条件下开始练习连续大回转。

练习 4：使用短滑雪板

练习 1 ~ 3 可以使用较短的滑雪板练习，如使用 90 厘米长或 125 厘米长的滑雪板。注意身体姿势应稍微向前，用力蹬山下板，并使用卡宾技术。

注：以上所有练习主要在半宽雪道或宽雪道上进行。

任何卓越的滑雪表现都要求内踝关节发力适当

理念三：使用"光荣之臂"

理念三（付费视频）

我们称第三条理念为"使用'光荣之臂'"。

我们经常会低估山上侧臂的作用，至少没能充分利用它的优势。山上侧臂在开始下一次转弯时的瞬间会对肩轴产生最直接的影响，进而影响完美的"进攻"动作。山上侧臂像是一张秘密的王牌，在很多时候决定了滑雪者完成转弯的速度、精准度、身体倾斜角度的极限和方向。

我和蒂娜·梅兹把山上侧臂称为"光荣之臂"，它在很多方面改变了蒂娜·梅兹的入弯方式。在一次转弯转向下一次转弯的过程中，张开并伸直山上侧臂有助于维持身体平衡。山上侧臂的功能相当于具有直接传动功能的转向系统，不仅非常灵敏，而且能够快速响应，对后续动作表现有着极大的影响，这正是我们在寻找的东西。

在踝关节和髋关节发力之前，"光荣之臂"带动身体准备好立即"进攻"。

最常见的错误

·手臂不仅抬得很高，而且还向前伸得太远（而非偏向一边）；

·山上侧臂弯曲幅度大或离身体太近；

·山上侧臂太低，紧贴山上脚或山上侧雪靴；

·冲至旗门的准备动作完成太快，肩轴旋转远离下一次转弯的方向，从而中断直接的"进攻"动作，妨碍山上脚踝关节和膝关节的发力动作。

♛ 蒂娜说

"光荣之臂"带领我完成了真正完美的转弯。有很长一段时间，不论我怎样发力，我都无法使用左脚正确地转弯。我仔细想了想前面介绍过的理念后，一切就变得很简单了。我取得了巨大的进步，变得更有自信，也能够滑得更好、更快。这是我和穆里共事中最美好的事情。

山上侧臂可以帮助身体达到更好的平衡，使身体更加稳定。最重要的是它可以带动身体准备好立即'进攻'！

★ 穆里建议

将山上侧臂想象成具有直接传动功能的转向系统。不要为了冲过旗门而保持内侧臂不动（这是触碰旗门之后做的事），相反，滑雪者应该朝着下一次转弯方向或沿着自身质心预期移动的轨迹张开手臂，进而加快速度。请确保山上侧肩没有下垂或在没有控制的情况下转弯，没有依靠山上板完成转弯。大部分体重应放在山下板上。

山上侧臂相当于具有直接传动功能的转向系统

在很多时候，山上侧臂的姿势可以决定滑雪者完成转弯时的速度、精准度、身体倾斜角度的极限和方向

❄ 练习方法

练习 1：走钢丝

双手分开握住滑雪杖，将滑雪杖水平放置在身体前方，滑雪杖不能向两边倾斜，帮助你控制肩轴的位置。

练习 2：身前抛球

滑雪时，手握一个网球。驱转时，山上侧手握住网球；换刃时，在身前把网球换（扔）到接下来要成为山上侧手的手上。

注：如果没有网球，可以用滑雪杖替代。

练习 3：身后抛球

滑雪时，手握一个网球。驱转时，山上侧手握住网球；换刃时，在身后把网球换（扔）到接下来要成为山上侧手的手上。山下侧手放在身后。

注：如果没有网球，可以用滑雪杖替代。

身后抛球

练习4：弹力带辅助练习

双手在背后握住一根弹力带，每次转弯时都努力拉紧弹力带。这意味着你在每次转弯时都需要向两侧和向前伸出手臂。需要注意的是山上侧手臂必须在整个转弯过程中始终远离身体，即张开。

• 弹力带辅助练习

练习5：使用短板

练习1~4可以使用短滑雪板，如使用90厘米长或125厘米长的滑雪板。

身体姿势应稍微向前，用力蹬山下板，要使用组合滑雪技术和卡宾技术。

注：以上所有练习要在较宽的雪道上进行。

理念四：髋关节的姿势和发力时机要合理

　　实际上，如果滑雪者的髋关节发力不足或发力不及时就无法高质量地完成转弯。换言之，滑雪者用力蹬滑雪板，同时将臀部推向转弯处来完成转弯，这样滑雪者就可以避免漂移，而且倾斜身体时可以不用考虑极端

理念四（付费视频）

角度，力的作用就可以帮助滑雪者保持身体平衡。请不要忘记滑雪者的质心做圆周运动，且偏离滑雪板刻滑留下的轨迹。对于竞技滑雪运动员来说，用力蹬滑雪板的同时将臀部推向转弯处完成转弯是取得出色表现的条件之一，而对其他滑雪者来说，这么做也会给他们带来所期望的快感。

　　在踝关节发力，滑雪板刻滑，并利用立刃角度使质心远远偏离滑雪路径之后，髋关节才发力来完成转弯。这个顺序同样适用于自由滑雪。滑雪者可以通过适当的训练和在雪道以外的地方进行练习来掌握正确的髋关节姿势和发力时机。我想说明踝关节和髋关节发力顺序的不同之处：

1. 踝关节先发力，髋关节再发力——正确的顺序

按照踝关节先发力，髋关节再发力的动作顺序完全正确。这样踝关节、小腿、膝关节带动整个身体都以相同的角度倾斜。

滑雪板平行

踝关节先发力

- 正确的顺序是踝关节先发力，髋关节后发力：
  踝关节、胫骨和膝关节的倾斜角度相同

2. 髋关节先发力，踝关节再发力——错误的顺序

如果颠倒顺序——髋关节先发力，踝关节再发力，那么膝关节就会呈"A"字形，这也意味着滑雪板呈"V"字形，侧滑开始失控，这一切都是浪费时间。

滑雪板呈"V"字形

髋关节先发力

• 错误的顺序是髋关节先发力，踝关节后发力：
  · 膝关节呈"A"字形
  · 滑雪板呈"V"字形

最常见的错误

· 身体过早地压在髋关节上，妨碍了踝关节、小腿，甚至整条腿的动作；

· 身体站在滑雪板上保持一个姿势的时间过长导致板刃角度不足而需要加大转弯半径，并且导致侧滑失控；

· 髋关节下降到膝关节后，这妨碍了小腿用力向前，并向内蹬的可能性；

· 髋关节旋转过度。

♕ 蒂娜说

滑雪中最刺激、最危险的时刻就是换刃的时候。此时，滑雪板不会给你提供支撑力，你只能使身体跟随髋关节沿运动路线走。

髋关节虽是人体的一部分，但并不像膝关节或踝关节一样容易固定。因此，踝关节首先要感受地形，膝关节再发力，髋关节最后发力。如果滑雪者的双腿和躯干有足够的力量，再加上良好的柔韧性，就能更快、更出色地完成转弯。别忘了肚脐是中心。

★ 穆里建议

有一点很重要，那就是髋关节不要过早发力，只能在踝关节发力之后再发力。当滑雪者的整个身体压在髋关节上，但踝关节或滑雪板还没有翻转的情况下，山上脚踝关节的动作就仍然受限，滑雪板会更贴近地面，并且呈"V"字形，向山下板倾斜，这意味着速度会下降更多。

❄ 练习方法

练习 1：交叉滑行

踝关节首先迅速发力，立刃，驱动双板开始转弯。在到达滚落线之前，抬起山下板穿过山上板向前滑行。身体质心压在髋关节上（髋关节弯曲）。只使用山下板来完成转弯。

在转弯即将结束时，滑雪板再次和雪地接触，同时翻转双脚和双板，换刃去做下一个转弯。

练习 2：用速降姿势滑行

身体以半低或低的速降姿势完成连续转弯。手臂始终放在身体前方，双手握拳（速降姿势）。踝关节和髋关节发力完成连续转弯。重点是踝关节发力和髋关节弯曲合理。

注：滑雪杖可用也可不用。

练习 3：伸直手臂练习

以半低或低的滑雪姿势完成连续转弯。伸直手臂，靠近滚落线时试着驱转滑雪板，使其尽量偏离质心。踝关节和髋关节发力完成连续转弯。重点是踝关节发力和髋关节弯曲合理。

注：滑雪杖可用也可不用。

练习 4：开核器（夹球滑雪）

在两膝关节之间放一个大小适中的气球，并以半低或低的滑雪姿势完成连续转弯。两腿要夹住气球使其不掉落，这会迫使两小腿保持平行。转弯时，踝关节和髋关节通过加大或减小发力来立刃。

练习 5：欢乐人

双手放在髋关节处，大拇指指向前。以半低或低的滑雪姿势完成连续转弯。

练习 6：身前抛球

滑雪时，手握着一个网球。驱转时，用视野范围之外的山下侧手握住网球。换刃时，在身前把网球换（扔）到即将成为山下侧手的手上。

注：如果手边没有网球，可以用雪球或滑雪杖替代。

练习 7：身后抛球

滑雪时，手握一个网球。驱转时，山上侧手握住网球。换刃时，在身后把网球换（扔）到另一只即将成为山上侧手的手上。山下侧手藏在身后。

注：如果手边没有网球，可以用雪球或滑雪杖替代。

练习 8：使用短板

练习 1～7 可以使用短滑雪板，如使用 90 厘米长或 125 厘米长的滑雪板来进行练习。

注意髋关节适当发力和弯曲。

注：以上所有练习要在较宽的雪道上进行。

正确的髋关节姿势和合理的发力时机是滑雪者卓越表现的基本条件之一

理念五：小腿向前并向内发力

我们称第五条理念是"小腿向前并向内发力"。

小腿向前并向内发力（用一个词来形容就是弯曲）而把力量直接传向滑雪板和地面。我们可以把小腿向前并向内发力看作是一种

理念五（付费视频）

不可或缺的推力，给滑雪板施加压力，进而利用像弓一样的预应力把人推出去来完成转弯，以获得尽可能快的速度。

我们可以说小腿推着滑雪者完成一个接一个的转弯。这种推力能够在滑雪者和滑雪板之间产生最有效的能量，其目标一

方面是把最理想的压力作用于滑雪板，另一方面是获得最大的加速度。

小腿（即弯曲）推着滑雪者完成一个接一个的转弯

　　虽然小腿向前并向内发力是滑雪所需的动力，但它同时又受限于滑雪者的身体平衡能力。因此，我们建议滑雪者使用短滑雪板进行练习。

最常见的错误

·小腿向前并向内发力不足；

·质心太靠后，这意味着滑雪者没有用上滑雪板的板头，从而导致转弯半径过大（即被动滑雪），并且在侧滑时失控；

·转弯时，髋关节弯曲幅度大，以致太靠后而离膝关节太远，这妨碍了小腿向前并向内发力。

♛ **蒂娜说**

所有灵活性的关节都有一个特殊的作用，即在起步时会产生适当的力。膝关节是一个可以自由活动（灵活性）的关节，它相当于一个减震器，同时还是动作起步时的发力部位。踝关节有雪靴保护，但保护膝关节的唯一方法就是进行适当的体能训练。

我认为强迫膝关节做动作这一点至关重要，因为小腿肌肉（膝关节和踝关节之间的肌肉）感受到了作用于雪靴的鞋舌处的压力。这种作用于雪靴的压力及雪靴的硬度在小腿和踝关节做动作时起着至关重要的作用（雪靴不能太软，否则无法提供足够的支撑力，也不能太硬，否则无法弯曲）。

> ★ **穆里建议**
>
> 踝关节发力（翻转或旋转）开始转弯，小腿发力，带动脚背抵着雪靴的鞋舌，并在整个转弯过程中保持双膝弯曲。
>
> 我再重复一遍：双膝膝关节在整个转弯过程中应保持弯曲。

尽管身体大部分重量都落在山下板上，但是不能伸直山下脚的膝关节，因为山下脚的膝关节伸直会阻碍小腿的动作，小腿不再向雪靴的鞋舌处施加压力，髋关节就会往下坠而更靠后，离膝关节越来越远，最终导致滑雪板不再弯曲，自然也就无法顺畅地滑行。这种滑雪方式会导致转弯半径过大，不仅使滑雪板呈"V"字形，加速受阻，而且还会搓雪，降低滑行速度。

❄ 练习方法

练习 1：用速降姿势滑行

始终以半低速降姿势在较宽的雪道上完成连续转弯。脚背尽量用力抵着雪靴的鞋舌，从而帮助小腿发力。

注：滑雪杖可用也可不用。

在起步时就摆好正确的低姿势很重要

速降姿势 / 低姿势

练习 2：走钢丝

　　降低基本的低滑雪姿势，两手臂向前伸直，双手握着滑雪杖并放在身前。脚背尽量用力抵着雪靴的鞋舌来帮助小腿发力。

注：滑雪者可以按照这种方式在窄雪道、较宽雪道和宽雪道上完成连续转弯。

练习3：欢乐人

双手放在髋关节处，大拇指指向前。脚背尽量用力抵着雪靴的鞋舌来帮助小腿发力。

注：滑雪者可以按照这种方式在窄雪道、半宽雪道和宽雪道上完成连续转弯。

练习4：在波浪道上练习

在波浪道上滑行需要身体始终保持平衡和具备适应地形的能力，这样就更容易感受到主动作用于雪靴的鞋舌处的压力。特别注意身体应保持平衡，小腿有明显的发力动作。

练习5：使用短滑雪板

练习1～4可以使用90厘米长或125厘米长的滑雪板练习。特别注意身体应保持平衡，小腿有明显的发力动作。

理念六：保持低姿势

简单地说，现在的滑雪姿势比过去的姿势低得多。

我说的是基本的滑雪姿势和滑雪者的质心都应降低，所有必要的练习，包括本章前

理念六（付费视频）

面介绍过的练习都要求质心低。滑雪者若要有良好的表现，变换身体姿势的时间间隔应短，即便一流的滑雪运动员用较高的姿势也无法出色地完成比赛。

滑雪板与雪地的长时间接触、快速立刃、保持身体的倾斜角度、滑雪速度快等都是保持低姿势带来的好处。

滑雪的基本姿势其实是最容易理解和掌握的。如果滑雪者的基本姿势太高，其做出的所有动作都会变慢，并且不准确，无法接近极限，也就不会成功。滑雪者可以用低的速降姿势或半低的速降姿势进行练习来有效地掌握这种低姿势。

低质心是一个好起点，可以让滑雪动作更快，可以在滑雪者和地面之间产生更有效的反作用力，并且能帮助滑雪者更好地适应不断变化的环境，感受空气动力、平衡及整体动力。这就是我们将这条理念命名为"低姿势"的原因。

质心

质心不一定存在于身体中，而是取决于身体形态或姿势。从现代滑雪技术的表现来看，滑雪者的质心比过去低得多。

最常见的错误

· 身体姿势过高，完成必要动作的时间不够；
· 山下脚的膝关节弯曲不足，甚至是伸直状态；
· 被动驱转，转弯过早，侧滑失控。

👑 蒂娜说

低即是快！我认为要明白这点，应先在简单的雪道上练习。做好加速准备，并且在加速时不要害怕。滑雪者可以通过缩小转弯和内收肚脐来控制速度，同时控制自己的身体。

采用这种滑雪姿势需要有良好的柔韧性和强壮的体格，以保护滑雪者免受以低姿势滑行时不同目标对其造成的颠簸影响。采用低的速降姿势时，滑雪者真正关注的是踝关节和膝关节的翻转，也就是立刃。

⭐ 穆里建议

在起步时摆好正确的低姿势很重要。事实上，如果滑雪者以高姿势起步，膝关节稍微弯曲就会给人一种充分弯曲的错觉。也就是说，大脑会很快接收到"膝关节达到预定高度"的信息，然后拦截那些膝关节高度偏差过大的信息，最后导致滑雪者的姿势太高。

谨记：双腿膝关节在转弯的整个过程中应保持弯曲。

❄ 练习方法

练习1：伸直手臂练习

以半低或低的滑雪姿势完成连续转弯。伸直手臂，靠近滚落线时试着驱转滑雪板使其尽量降低质心。踝关节和髋关节发力完成连续转弯，重点是质心的高度要合适，髋关节发力和弯曲要合理。

练习2：开核器（夹球滑雪）

在双膝关节之间放一个大小适中的气球，并以半低或低的滑雪姿势完成连续转弯。双腿要夹住气球使其不掉落，这会迫使小腿保持平行。

转弯时，踝关节和髋关节通过加大或减小发力来立刃。

练习 3：欢乐人

双手放在髋关节处，大拇指指向前，并以半低或低的滑雪姿势完成连续转弯。

理念七：合理使用组合技术

我们称第七条理念为"合理使用组合技术"。

无论是竞技滑雪运动员，还是非竞技滑雪

理念七（付费视频）

者，我们在滑雪板上做的一切都是由速度决定的。速度也是竞技滑雪的两个基本要求之一，即选用最短的路线用最快的速度将自身的质心从起点移动到终点。听上去很简单，但做起来很难。竞技滑雪运动员在转弯时需要不断地以最大速度通过比赛中的旗门，这些旗门的设置限制了滑雪者使用同样的速度。滑雪者可以针对不同的旗门选择不同的滑雪技术，即侧滑和卡宾技术的结合。

竞技滑雪运动员（及其他滑雪者）必须不断地控制速度以适应地形和旗门等其他限制条件。旗门设置不允许运动员从头到尾都进行卡宾转弯，所以滑雪者有时要迅速降低速度，缩短滑行线路，这就是所谓的搓雪。搓雪是侧滑的简单版本。另外，由于滑雪板的几何特性，滑雪者是被迫进行搓雪的，因为滑雪板侧边切口比旗门设置规定的转弯半径短得多。

用搓雪完成转弯的第一个部分，滑雪者只需要将双脚先向一侧倾斜，接着翻转双脚且在不打滑的情况下立刃。我们把这个过程称为组合技术。组合技术不仅对竞技滑雪运动员很重要，对其他滑雪者亦是如此。滑雪者使用组合技术就可以随时随地控制速度，而速度正是正确和安全滑雪的关键。尤其是那些认为只有卡宾才能真正体现滑雪技术的人更应该记住这一点。

最常见的错误

·身体姿势不当，无法正确地完成从搓雪到卡宾技术（肩轴应与自身质心预期移动的轨迹一致）的切换；

·搓雪在转弯的最后阶段失控；

·加速不受控制。

♕ 蒂娜说

我认为速度控制是一个极其艰巨的挑战。提高速度并保持对任何一名滑雪者而言都是一项极具难度的任务。滑雪者能在陡坡处的旗门设置、其他没有足够空间完成卡宾技术的条件下，以及其他不可预知的情况下控制速度完成至关重要。

★ 穆里建议

判断滑雪技术和知识的最高水平的主要标准是滑雪者具有能适当地组合搓雪和卡宾技术的能力。我再重复一遍，卓越的滑雪表现不只取决于卡宾技术。

❄ 练习方法

练习 1：沿滚落线侧滑（滑降）

以半高姿势沿滚落线直线滑降。朝着滑行方向迅速旋转双脚，并且带动滑雪板旋转。然后用力蹬滑雪板开始侧滑，并保持肩轴朝向滑行方向。立刃停住滑行的同时，双脚踩在板刃上。朝山上和山下两个方向进行侧滑练习。

● 侧滑

练习 2：横向移动

以半高姿势横向移动。朝着滑行方向迅速旋转双脚带动滑雪板旋转。然后用力蹬滑雪板开始侧滑，并保持肩轴朝向滑行方向。这种方式可以先实现侧滑（或搓雪），然后过渡到双脚翻转，保证立刃转弯而不打滑。

朝左右两个方向做单次转弯。

练习 3：使用起步侧滑做单次转弯

以半高姿势侧滑。朝着滑行方向迅速旋转双脚（朝山下）且带动滑雪板翻转。然后用力蹬滑雪板开始侧滑，并保持肩轴朝着滑行方向。这样我们便完成了起步侧滑（或搓雪），接着翻转双脚，并且在不打滑的情况下立刃完成转弯。

朝着左右两个方向在起步时侧滑做单次转弯。

练习 4：使用起步侧滑做连续转弯

使用组合技术在宽雪道上以起步侧滑的方式完成连续转弯。

练习 5：练习组合技术

在以起步侧滑的最终转弯阶段中，肩轴不再朝向滑行方向，而是朝向自身质心预期移动的轨迹。

注：组合技术要在宽雪道上完成，这样你就能够在半宽雪道或宽雪道上完成连续转弯。

用搓雪完成转弯的第一个部分，滑雪者只需要将双脚先向一侧倾斜，接着翻转双脚且在不打滑的情况下立刃

赞·克兰耶奇（Zan Kranjec）表现出出色的身体控制和速度控制

"不管一名竞技滑雪运动员多么优秀，他在追求完美技术的同时必须要有耐心和毅力。这一点同样适用于所有那些同滑雪运动员打交道的人，包括教练和运动员家长。"

"即使纠正某个错误的方法很有道理，但这并不意味着同样的方法在任何时候都可以使用、对所有滑雪者都适用。"

第 10 章

UPS 训练体系

首先我要指出的是用现代滑雪板滑雪和用传统滑雪板滑雪的感觉根本不一样！

UPS训练体系是一种学习现代滑雪技术的直接方法。

UPS训练体系
（付费视频）

不论是竞技滑雪运动员还是休闲滑雪者，无论他们的知识水平、技术和经验如何，现代滑雪板的诞生都是他们要面对的事实。现代滑雪板是新时代、新材料和新技术的反映，现代滑雪板的制作相较于传统滑雪板在细节上有了革命性的变化，即增加了蝴蝶形的侧切设计。

如果再次回到过去，我们必须承认，根据滑雪者从滑雪板转向预期方向所采取的动作来看，传统滑雪板更加保守和死板。滑雪者的基本身体姿势、肩轴远离滑行方向、髋关节弯曲明显、滑雪者需用力横推板尾与滚落线垂直、垂直方向上的动作幅度大、滑雪板并拢等这些传统滑雪特征在今天都有了全新的呈现。这是否说明现代滑雪技术的难度无关紧要，重要的是我们要了解现代滑雪技术的原则。

现代滑雪技术由两种基础技术组成或二者组合而成。事实上，许多滑雪者并不明白这个道理，自然也无法在实践中做到这一点，从而引发诸多问题。我将在本章中进行详细的解答。

在过去几年里，滑雪装备材料领域的发展很快，一流滑雪

运动员的技术也取得了重大进步。我想再强调一遍：滑雪技术中的新奇之处总是与教学方式相关。优秀滑雪者、竞技滑雪运动员和现代滑雪板所带来的新鲜事物通常代表着滑雪训练计划的发展，同时也代表了滑雪技术的创新。

让我们回到滑雪和滑雪教学中。一般情况下，我们把学生分为三组：

第一组是第一次学习滑雪和接触现代滑雪技术的滑雪者；

第二组是想提高滑雪技术的滑雪者；

第三组是各个年龄组别的优秀滑雪者和竞技滑雪运动员。

UPS 训练体系概述

无论一个概念或想法最初有多美好，只有经过深思熟虑的完善才是好的。剩下的一切都只是讲故事罢了！

UPS 训练体系道出了滑雪技术训练的本质。它在呈现新信息的方式上为职业滑雪运动员或滑雪爱好者带来了新事物和新变化。诚然，竞技滑雪和休闲滑雪的目标完全不同，但是基本方法是相同的。

UPS 训练体系是建立一种方式，让每个人都可以使用一对滑雪板（90 厘米长、125 厘米长或自己喜欢的长度）去滑雪，以实现自己的愿望，达成自己的目标。

尽管每个人在提升技能的道路上会接触到各种各样的地形或情况，但出色完成各种技术动作的基础万变不离其宗。

地 形	练习形式
平 地	基础侧滑
缓坡或初级道	单次卡宾转弯
	连续转弯组合
中等陡坡或中级道	在宽雪道滑雪
陡坡或高级道	在窄雪道滑雪
地形公园	坡面障碍技巧和 U 型场地
蘑菇或粉雪	雪上技巧
滑雪赛道	高山滑雪

UPS 训练体系

UPS 训练体系的练习形式是根据滑雪者在各种地形上的完成方式命名的。下面详细介绍各种练习形式。

UPS 练习形式

1. 单次卡宾转弯

充分利用滑雪板的几何结构和 90 厘米长的滑雪板的优势（稍后介绍 125 厘米长的滑雪板和个人偏好长度的滑雪板）。滑雪者根据滑雪基本动作一边调整身体姿势，一边做出单次卡宾转弯。滑雪姿势包括穿紧身衣的人、超人、欢乐人、运水工、点杖、弹力带、开核器、大师滑雪等。学生可以凭借已掌握的知识和技能适应不同的地形。

2. 连续转弯组合

仍使用 90 厘米长的滑雪板。在学会单次卡宾上坡转弯的基础上做出连续卡宾动作，滑出蛇形。如果滑雪者不想在这个过程中缺少任何已经掌握的滑雪技能，则必须要表现稳定和精准。在实践中，这意味着滑雪者要组合单次卡宾转弯。在完成一次转弯后，双脚旋转滑雪板朝向山下，再去驱转完成下一次转弯。每次转弯都从滚落线开始。刚开始练习的转弯组合并不是真正的连续转弯，而只是一个简单斜坡滑降。

随着练习的深入，我们逐渐取消初学者的直线滑降练习。

当滑雪者学会了控制速度和动力，转弯组合就自然而然地变成了连续转弯。换句话说，初学者先使用90厘米长的短滑雪板练习真正的连续卡宾，再换成125厘米长的滑雪板练习。

3. 在宽雪道滑雪

连续转弯是高阶训练的基础。滑雪者学会了连续转弯后就可以在宽雪道上流畅滑行。滑行速度越快，滑雪表现就越完美。完美的滑雪表现是当今滑雪运动员的特征，如身体倾斜到极限，踝关节和髋关节倾斜角度大，滑雪表现更具动态，最重要的是转弯角度更精确。

滑雪者首次在宽雪道上尝试滑雪时应该挑选难度较低的地形条件进行尝试，比如完成前面两组练习时采用的地形。当低难度地形不能满足练习的要求时，则可以使用中级道和较长滑雪板（125厘米长的滑雪板）。

最后使用最终长度的滑雪板重复整个练习过程，然后在更高难度的地形条件下继续练习。通过前面练习组的练习，滑雪者就已掌握了实现终极目标所需的技能。

现在，让我们在轻松有趣的滑雪练习中成为新时代的滑雪者。

从现在开始，滑雪者想进一步提升并达到渊博知识水平就得靠自己的欲望和能力去实现了。

注：滑雪者在遇到困难时可以随时换回短滑雪板，这不会产生任何问题。

4. 在窄雪道滑雪

在宽雪道滑雪是高阶训练的基础，下一步可以转换到在窄雪道滑雪（如果开始就采用反向教学方法，既无法实现目标也不合理）。滑雪者越靠近滚落线，转弯半径就越小，对节奏和速度的要求就越高。

首次在窄雪道上尝试滑雪时，滑雪者应该选择初级道进行尝试。当初级道不能满足练习的要求时，可以转换到中级道和使用较长的滑雪板进行练习，这样练习才会更具挑战性。接下来就是要把 90 厘米的滑雪板换成 125 厘米的滑雪板进行练习，最后再换成个人偏好长度的滑雪板进行练习。

整个训练是按照由易到难的滑雪方式进行的，从已知到未知的学习原则引领滑雪者在窄雪道进行练习。

注：我再重复一遍，滑雪者在遇到困难时可以随时换回短滑雪板，这不会产生任何问题。

结论：UPS 训练体系的基础是逐渐使用越来越长的滑雪板，不改变练习的内容而只是对其进行升级。换个说法就是，只要每次使用更长的滑雪板，选择更有挑战性的地形，就会加大滑雪的难度，然后慢慢达到个人期望的滑雪水平。

技术熟练且实现目标很容易的滑雪者可以跳过一些重复性练习，必要时再去练习。

现代滑雪技术

地形、雪况、知识和设备是决定每个滑雪者完成转弯以及滑雪方式的要素。滑雪者的目标只有一个，即利用现代滑雪技术，保持滑雪速度，并且尽情享受滑雪！

现代滑雪技术由以下两种基本技术组成或由二者组合而成。

现代滑雪技术由两种基本技术组成或由二者组合而成

侧滑技术或双脚发力旋转技术

打开双肩，肩轴朝向自身质心预期移动的轨迹，双脚同时发力旋转，使用侧滑完成转弯，而滑雪板自始至终都和地面保持接触。

滑雪者瞬间旋转滑雪板使其垂直于滚落线这个动作被滑雪者称为搓雪。滑雪者还可以通过搓雪完成急刹车，学会梦寐以求的速度控制，并以更小的半径完成转弯。

卡宾技术或双脚发力翻转技术

打开双肩，肩轴朝向自身质心预期移动的轨迹，双脚同时发力翻转完成卡宾转弯，而滑雪板自始至终都保持立刃。

组合技术

上述两种技术组合是如今最常用的一种滑雪方式。在实践中，我们可以使用侧滑和卡宾这两种技术的组合来适应任何地形或任何雪道。

UPS 滑雪板的使用方法

90 厘米长和 125 厘米长的滑雪板是滑雪训练的基础装备。《斯洛文尼亚国家高山滑雪计划》建议每个滑雪俱乐部和所有认真对待滑雪训练的人员都应该配备这两种滑雪板。

因为 90 厘米长和 125 厘米长的滑雪板很短，所以人们可以更快、更准确地学会滑雪，而且几乎不会犯错。这两种滑雪板会帮助滑雪者完成简单的滑行。就滑雪表现来说，这两种滑雪板会让滑雪者从一开始就处在较高的水平上，并且保证很少出错。

平地	90 厘米长的滑雪板
初级道	90 厘米和 125 厘米长的滑雪板
中级道	90 厘米、125 厘米和大于 150 厘米长的滑雪板
高级道	125 厘米和大于 150 厘米长的滑雪板
地形公园	90 厘米、125 厘米和大于 150 厘米长的滑雪板
蘑菇或粉雪	大于 150 厘米长的滑雪板
滑雪赛道	大于 150 厘米长的滑雪板

短滑雪板的优点

有些滑雪者第一次使用 90 厘米长的滑雪板时的反应非常有趣。在我开始给他们介绍短滑雪板的前几分钟内，他们感到非常惊讶，然后他们对短的滑雪板充满了热情。

为什么呢？答案很简单，因为短滑雪板非常容易掌握，而且也不需要开展下面的练习：

·穿上滑雪板后练习分开站立；

·降低身体基本姿势，以降低质心来更好地保持身体平衡；

·保持身体平衡的姿势（无法向前或向后移动质心）；

·身体随转（任何旋转都会造成滑雪板失控）；

·翻转踝关节（保持滑雪板静止的唯一方法）；

·向两个滑雪板施力；

·增加横向移动（每一次垂直方向上的动作过多，滑雪板就不再和雪面接触，这将影响转弯的准确性）。

非常重要的一点是教练没有必要根据滑雪者已经掌握的知识而采用不同的教学方法。对于不同水平的学生，教学过程都是相同的，只有教学条件（如地形、身体侧倾、速度、装备等）不同。许多滑雪者认为教学条件是最引人注目的可变因素或创新方法，它从一开始就是对所有滑雪者都公平的一项挑战。滑雪者素质的主要差异取决于每个人最后的表现。

教练可以用短滑雪板教会所有人滑雪。

UPS 练习姿势

UPS 训练体系在现代滑雪技术的教学方面和技术的更新方面引入了许多新理念，其中最吸引人的内容就是各种练习姿势。这些身体姿势不仅名字很有趣，而且都是经过精心设计的。我们根据名称就能联想出具体姿势，所以无须过多地做解释。教练可以用这些简单、直接的方式指导滑雪者以正确的姿势滑雪。

UPS 练习姿势都是根据它们的外观或特征来命名的。

1. 穿紧身衣的人

与滚落线垂直站立，山下侧的手臂在身前横放在腹部，手放在另一侧的髋关节处。山上侧的手臂伸直以维持身体平衡。

目的：防止身体扭转，偏离滑行方向，进而引导肩轴沿着自身质心预期移动的轨迹运动。身体跟随是为了能够"打开"髋轴，从而为山上脚踝关节发力创造足够的空间。

2. 超人

山下侧的手臂朝前伸直，手指指向质心接下来的运行方向。山上侧的手臂放在髋关节处。这个姿势让我们联想到了超人这个有名的动漫英雄。

目的：自我控制。通过山下侧的手臂调整自己的姿势，让肩轴沿着自身质心预期移动的轨迹。身体跟随是为了能够"打开"髋轴，从而为山上脚踝关节发力创造足够的空间。

3. 欢乐人

双手放在髋关节处，大拇指指向前。

目的：保持上半身静止不动，注意力完全集中在脚部动作、踝关节翻转和身体平衡的姿势上。

4. 开核器

在两膝关节之间放一个大小适中的气球，在转弯时，双腿要夹住气球使其不掉落（就像用开核器夹开坚果一样）。此时，膝关节和滑雪板之间的距离是最合适的，既不太近，也不太远。

目的：因为有气球充当隔离物，山上脚踝关节自动发力，滑雪板之间的距离也会保持不变。

注：如果没有气球，也可以用自己的拳头代替。拳头握紧，夹在两膝关节之间。

5. 弹力带

双手握住一根弹力带在髋关节处从背后穿过，每次驱转时努力拉紧绳子，张开手臂，脊柱弯曲，让身体保持一种动态姿势。

目的：保证手臂、躯干和脊柱的姿势正确，从而形成动态姿势。

6. 走钢丝

将滑雪杖水平握在身体前方，与滑雪板垂直。握滑雪杖时，先用双手握滑雪杖，然后只用大拇指和食指握住。

目的：保证手臂的姿势和肩轴正确，保持上半身静止不动，

超人

穿紧身衣
的人

欢乐人和开核器

注意力完全集中在脚部动作、踝关节翻转和身体平衡的姿势上。

7. 运水工

双手分别握住滑雪杖的上半部，像提着两桶水一样，放在身体两侧。

目的：保证手臂的姿势和肩轴正确，保持上半身静止不动，注意力完全集中在脚部动作、踝关节翻转和身体平衡的姿势上。

滑雪杖的位置能清楚地表明肩部姿势是正确还是错误，以及肩轴是否会朝向自身质心预期移动的轨迹。

弹力带

走钢丝

运水工

8. 点杖

握住滑雪杖放到正常位置，推动身体完成转弯。通过滑雪杖有节奏地推动身体滑行。

目的：促使手臂、肩部和躯干主动发力，同时注意力集中在踝关节翻转和始终保持身体平衡上。

9. 大师滑雪

能出色地完成所有转弯动作。

目的：结合现代滑雪技术基础的特点，正确地完成转弯动作。

> "滑雪技术中的新奇之处总是与教学方式相关。竞技滑雪运动员和现代滑雪板所带来的新鲜事物通常代表着滑雪训练计划的发展，同时也代表了滑雪技术的创新。"

大师滑雪就是能出色地完成所有转弯动作

单次卡宾转弯练习方法

初级道和 90 厘米长的滑雪板是练习单次卡宾转弯的基础。当我们学会了使用 90 厘米长的滑雪板滑雪后，再改用 125 厘米长的滑雪板练习，最后用个人喜欢长度的滑雪板。

滑雪者一边调整身体姿势，一边做单次卡宾转弯。

滑雪者垂直于滚落线站立，选择前面介绍过的任意一种身体姿势。滑雪板分开，板头平行或山上板稍微在前。这样身体便自然而然朝向滑行方向并保持放松和平衡。

滑雪者双脚发力翻转，推动膝关节向内弯曲并朝向自身质心预期移动的轨迹，利用双板板刃获得足够的抓地力。接着进行侧滑，利用滑雪板侧切设计的特点，开始改变最初的方向或开始驱转做卡宾上坡转弯（滑雪板会在雪面上留下痕迹）。

在整个转弯过程中，保持身体姿势（穿紧身衣的人、超人、欢乐人、弹力带、走钢丝等）不变。

★ **穆里建议**

请注意：

· 开放式站立时，滑雪板分开，板头平行或以山下板为支点；

· 踝关节、膝关节和髋关节的动作要正确；

· 双脚发力翻转；

· 保持身体平衡；

· 肩轴朝向滑雪者自身质心预期移动的轨迹；

· 双板立刃完成转弯。

❄ 练习方法

练习 1：逐步加大入弯角度

前面介绍过的卡宾转弯方式都可以通过逐步改变起步方向来增加难度。方向改变，可以增加压在滑雪板上的重量，使滑行动作和双板立刃更加有效。

重点是循序渐进地加大力度、身体随转、双脚发力翻转、双板立刃，以及滑行时保持身体平衡和流畅。

练习 2：以山下板为支点的滑雪练习

滑雪者可以稍稍用力压住山下板（支撑腿）雪靴靴舌来完成前面介绍过的卡宾转弯方式，这样会很自然且毫不费力地完成山上板立刃。

组合转弯和连续转弯练习方法

先用 90 厘米长的滑雪板练习，再用 125 厘米长的滑雪板练习，最后用滑雪者偏好长度的滑雪板练习。

我们简单地将单次卡宾转弯组合起来，并且以双脚旋转来改变方向和直线滑降改为斜滑降或组合转弯。并非每次下滑都是滑降，所以滑雪者要努力尽快学会斜滑降。不再沿着滚落线滑行，如果能加快速度并且加大发力，那么组合在一起的单次转弯自然就成了连续转弯。滑雪者应先在初级道上进行连续转弯练习，再在难度更高的雪道上练习。

组合转弯练习方法

所有组合转弯的基础是选用初级道，并且根据选定的身体姿势将单次卡宾转弯组合起来：

1. 组合转弯 / 穿紧身衣的人　　　　5. 组合转弯 / 弹力带

2. 组合转弯 / 超人　　　　　　　　6. 组合转弯 / 走钢丝

3. 组合转弯 / 欢乐人　　　　　　　7. 组合转弯 / 运水工

4. 组合转弯 / 开核器　　　　　　　8. 组合转弯 / 点杖

　　最后一种身体姿势，即大师滑雪，不属于这个练习组，如组合转弯 / 大师滑雪通常象征着终极滑雪姿势和形态。

　　滑雪者选定滑雪姿势（如穿紧身衣的人），沿着滚落线滑行下降，滑雪板分开，板头平行或山上板稍微在前。

　　滑雪者从半低姿势开始逐渐压低身体姿势，发力翻转双脚，推动膝关节向前并向内弯曲，这样会沿着自身质心预期移动的轨迹运动，并完成卡宾 U 型转弯。最后，滑雪者朝着下一次转弯的方向用力蹬雪，双脚带着滑雪板一起发力旋转，并与滚落线平行（平行式侧滑技术）开始新的转弯，重复动作。

★ **穆里建议**

请注意：

· 站立时，滑雪板分开，板头平行或以山下板为支点；

· 踝关节、膝关节和髋关节的动作要正确；

· 发力旋转——双脚翻转；

· 保持身体平衡；

· 肩轴朝向自身质心预期移动的轨迹；

· 使用双板完成转弯；

· 在宽度适中的滑道上完成连续转弯。

❄ 练习方法

练习 1：以山下板为支点的滑雪练习

滑雪者在驱转时稍稍向前用力蹬山下板（支点滑雪板）做出前面介绍的组合卡宾转弯。这样滑雪者可以自然且毫不费力地完成山上板立刃。

以山下板为支点进行滑雪只是训练的一种方法，并不是终极的转弯方法。

● 山下板稍微在前

开始转

II. 双脚发力翻转 / 卡宾技术

蹬雪

I. 双脚发力旋转压刃，与滚落线平行

- **组合转弯（穿紧身衣的人姿势）**

  滑雪者双脚发力翻转，做卡宾 U 型转弯（卡宾技术）。最后，滑雪者朝着下一次转弯的方向用力蹬雪，双脚带着滑雪板一起发力旋转，并与滚落线平行压刃。滑雪者沿着滚落线滑行下降，开始重复整个动作

连续转弯练习方法

所有连续转弯的基础是选用初级道和一种卡宾转弯姿势：

1. 连续转弯 / 穿紧身衣的人   5. 连续转弯 / 弹力带

2. 连续转弯 / 超人   6. 连续转弯 / 走钢丝

3. 连续转弯 / 欢乐人   7. 连续转弯 / 运水工

4. 连续转弯 / 开核器   8. 连续转弯 / 点杖

最后一种身体姿势，即大师滑雪，不属于这个练习组，如连续转弯 / 大师滑雪通常象征着终级滑雪姿势和形态。

当滑雪者试着把转弯动作连接起来时，就会省去沿着滚落线滑行下降的练习。当滑雪者能比较流畅地完成整个转弯时，就可以开始练习连续转弯，具体通过以下两种方式：

1. 采用组合技术完成连续转弯

滑雪者选定滑雪姿势（如超人），沿着滚落线滑行下降，滑雪板分开，板头平行或山上板稍微在前。

滑雪者从半低姿势开始逐渐压低身体姿势，发力翻转双脚，推动膝关节向前并向内弯曲，这样会沿着自身质心预期移动的轨迹运动，完成卡宾 U 型转弯。最后，滑雪者朝着下一次转弯的方向用力蹬雪，双脚带着滑雪板一起发力旋转，并与滚落线平行（侧滑技术）。在剩余的转弯中，滑雪者发力翻转双脚（卡宾技术），立刃完成转弯。

滑雪者在半宽雪道或宽雪道上完成连续转弯！

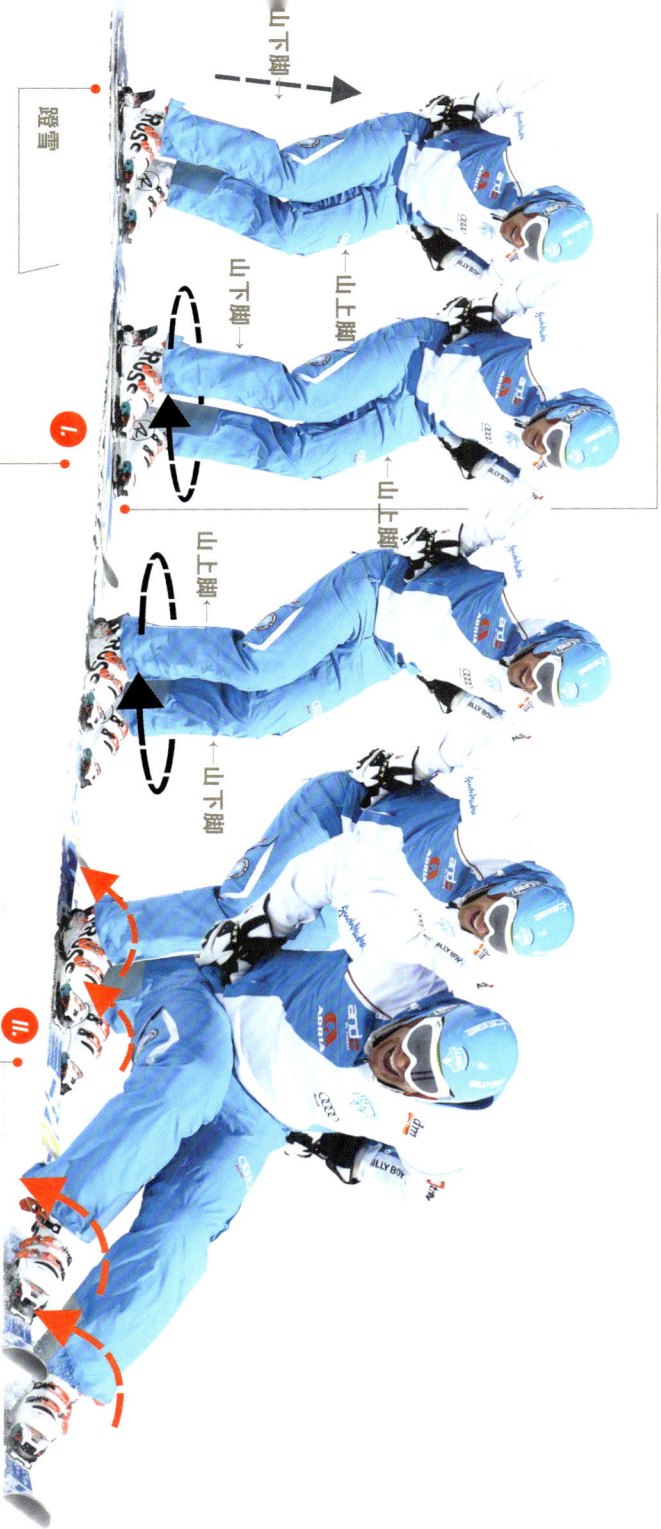

山上板稍微在前

山下脚

蹬雪

山下脚

山上脚

I.

双脚发力旋转（压刃）

山上脚

山下脚

山上脚

山下脚

II.

双脚发力翻转／卡宾技术

- 采用组合技术完成连续转弯（欢乐人）

滑雪者朝着下一次转弯的方向用力蹬雪，双脚带着滑雪板一起发力旋转，并与滚落线平行（压刃）。剩余的转弯，滑雪者发力翻转双脚（卡宾技术），立刃完成转弯

★ 穆里建议

请注意：

· 开放式站立，滑雪板分开，板头平行或以山下板为支点；

· 踝关节、膝关节和髋关节的动作要正确；

· 双脚发力翻转；

· 保持身体平衡；

· 肩轴朝向滑雪者自身质心预期移动的轨迹；

· 使用双板完成转弯；

· 在较宽的雪道上完成连续转弯。

❄ 练习方法

练习：以山下板为支点的滑雪动作

滑雪者在驱转时用力蹬山下板（支点滑雪板），利用组合技术完成连续转弯。滑雪者的踝关节同时发力会自然且毫不费力地完成山上板立刃。

以山下板为支点进行滑雪只是一种练习方法，并不是终极的转弯方法。

2. 采用卡宾技术完成连续转弯

滑雪者选定滑雪姿势（例如超人），沿着滚落线滑行下降，滑雪板分开，板头平行或山上板稍微在前。

滑雪者从半低姿势开始逐渐压低身体姿势，发力翻转双脚，推动膝关节向前并向内弯曲，这样会使肩轴朝向自身质心预期移动的轨迹，从而完成卡宾 U 型转弯。接着朝着下一次转弯的方向，踝关节迅速发力翻转双脚（卡宾技术），双板立刃，不进行侧滑。

滑雪者在较宽的雪道上完成连续转弯。

⭐穆里建议

请注意：

· 开放式站立，滑雪板分开，板头平行或以山下板为支点；

· 踝关节、膝关节和髋关节的动作要正确；

· 双脚发力翻转；

· 保持身体平衡；

· 肩轴朝向自身质心预期移动的轨迹；

· 使用双板完成转弯；

· 在较宽的雪道上完成连续转弯。

❄ 练习方法

练习：以山下板为支点的滑雪练习

滑雪者稍稍用力蹬山下板，利用卡宾技术完成连续转弯，这样滑雪者可自然且毫不费力地完成山上板立刃。

在宽雪道上转弯的练习方法

先用 90 厘米长的滑雪板练习，再用 125 厘米长的滑雪板练习，最后用滑雪者偏好长度的滑雪板练习。连续转弯是滑雪的基础，所有高阶练习都是从连续转弯开始的。学会连续转弯后就可以在宽雪道上完成转弯。在宽雪道上转弯就要以更快、更具动态且更精准的方式完成连续转弯。

现代滑雪并不只是随时随地立刃而做出卡宾转弯，所以我们应把注意力集中在 3 种驱转滑雪板的方式上。不论雪道的地形和难度，要想在宽雪道上滑雪，我们必须要掌握驱转滑雪板的方式。在任意一种地形的宽雪道上完成特定滑雪动作的正确性是由速度控制决定的。

滑雪者首次在宽雪道上尝试滑雪时，应先选择在初级道上进行尝试。当初级道不能满足练习的要求时，再转到中级道和换成较长的滑雪板练习。

如有必要，滑雪者应重复所有练习组，并且继续在宽雪道上练习。

　　注：滑雪者在遇到困难时可以随时用最短的滑雪板，这不会产生任何问题。

在宽雪道练习组合技术的方法

　　滑雪者沿着滚落线滑行下降，滑雪板分开，板头平行。

　　滑雪者从半低姿势开始逐渐压低身体姿势，发力翻转双脚，推动膝关节向前并向内弯曲，这样肩轴会朝向自身质心预期移动的轨迹，从而完成卡宾 U 型转弯。滑雪者握住滑雪杖点地，朝着下一次转弯的方向用力蹬雪。双脚带着滑雪板一起发力旋转，并与滚落线平行（压刃技术）。在剩余的转弯中，滑雪者发力翻转双脚（卡宾技术），立刃完成转弯。

　　滑雪者在宽雪道上完成连续转弯，肩轴始终朝向自身质心预期移动的轨迹。

脚部发力旋转（如搓雪）
可以控制速度，并且是滑雪组合技术的基础

⭐ **穆里建议**

请注意：

· 开放式站立，滑雪板分开，板头平行；

· 踝关节、膝关节和髋关节的动作正确；

· 蹬雪和点杖动作要协调；

· 脚部旋转和翻转的动作相结合；

· 保持身体平衡；

· 肩轴朝向滑雪者自身质心预期移动的轨迹；

102

压刃技术（搓雪）/
转弯第一步

· 使用双板完成转弯；

· 在宽雪道上完成连续转弯。

　　注：技术水平较低的滑雪者会较少使用组合技术，更多地是在做搓雪，这就意味着他们只会在转弯的最后阶段进行卡宾转弯。转弯方式、转弯时机和转弯地点都取决于滑雪者的目标、地形以及当前的知识水平和装备。搓雪技术确实是一种驱转选择，但在宽雪道滑雪教学中不只教搓雪技术。

❄练习方法

练习1：采用组合技术完成各种组合转弯动作（提升速度并选用更宽的雪道）

重点：注意滑雪表现的准确性和流畅性，遵循由易到难的原则。滑雪者可以采用任意一种UPS滑雪姿势。

练习2：在初级道练习开放式大回转（结合点杖动作）

重点：注意动作组合，肩轴朝向自身质心预期移动的轨迹，驱转双板完成转弯；注意准确性和流畅性。

练习3：在初级道练习开放式大回转切换成急速大回转（结合点杖动作）

重点：动作协调，肩轴朝向自身质心预期移动的轨迹，驱转双板完成转弯；注意准确性和流畅性。

练习4：急速大回转，在难度更高的雪道上用更快的速度练习

省略点杖动作，延长转弯第一阶段中的双脚旋转动作，接着在第二阶段逐渐以更小的转弯半径入弯，从而控制滑雪速度。

重点：注意转弯的时机，肩轴朝向自身质心预期移动的轨迹，驱转双板完成转弯，注意准确性、高速性和流畅性。

练习 5：以山下板为支点的滑雪练习

滑雪者在转弯第一阶段使用侧滑技术旋转滑雪板的过程中，用力稍稍向前蹬山下板（即支点滑雪板）来完成练习 1 ~ 4，并且在切换使用卡宾技术时重复这个过程。滑雪者这样做就可以自然且毫不费力地使用山上侧踝关节发力，并完成山上板立刃。

重点：注意转弯时机，肩轴朝向自身质心预期移动的轨迹，以山下板为支点，双脚发力旋转和翻转驱转双板完成转弯，注意平衡性和流畅性。

以山下板为支点滑雪只是一种练习方法，并不是终极的转弯方法。

注：所有其他宽雪道练习都能在"现代滑雪理念"一章中找到。

"每一个精心设计的滑雪技术练习方法不仅给滑雪者提供了掌握广泛知识和技能的机会，同时也是他们迈向自信和从容的一步！"

在宽雪道练习卡宾技术的方法

滑雪者沿着滚落线滑行下降，滑雪板分开，板头平行。

滑雪者从半低姿势开始逐渐压低身体姿势，发力翻转双脚，推动膝关节向前并向内弯曲，这样肩轴会朝向自身质心预期移动的轨迹，从而完成卡宾上坡转弯。最后，滑雪者朝着下一次

• **卡宾技术**
每次转弯开始都是双脚带动滑雪板发力翻转并完成立刃，不进行侧滑

转弯的方向用力蹬雪，同时握住滑雪杖点地，接着翻转双脚（卡宾技术），推动膝关节向前并向内弯曲，然后立刃完成转弯，不进行搓雪。

滑雪者在宽雪道上完成连续转弯，肩轴始终朝向自身质心预期移动的轨迹。滑雪者可以利用身体的条件反射，弯曲脊椎呈"猫式"伸展姿势，从而提高身体稳定性，并且方便控制滑雪板。

注：滑雪者的纵向运动明显减少，身体倾斜角度增大，横向运动增多，以及成角增多。滑雪者在滑雪时保持较低的身体姿势，所以身体质心比较低，能迅速换刃并且从一个转弯动态地转换到下一个转弯，只有点杖动作比较明显。

⭐ 穆里建议

请注意：

· 开放式站立，滑雪板分开，板头平行；

· 踝关节、膝关节和髋关节的动作正确；

· 脚部用力翻转；

· 保持身体平衡；

· 肩轴朝向自身质心预期移动的轨迹；

· 使用双板完成转弯；

· 在宽雪道上完成连续转弯。

❄练习方法

练习 1：采用卡宾技术完成连续转弯动作
（加快速度并选用更宽的滑道）

重点：注意准确性和流畅性，遵循由易到难的原则。滑雪者可以采用任意一种 UPS 滑雪姿势。

练习 2：在初级道上练习开放式大转弯（没有点杖动作）

重点：注意转弯的时机，肩轴朝向自身质心预期移动的轨迹，驱转双板完成转弯，在难度较低的雪道上表现出准确性和流畅性。

练习 3：在初级道练习开放式大回转切换成急速大回转（没有点杖动作）

重点：动作协调，肩轴朝向自身质心预期移动的轨迹，驱转双板完成转弯，注意准确性和流畅性。

练习 4：在难度更高的雪道上用更快的速度练习急速大回转
省略点杖动作，逐渐以更小的转弯半径入弯来控制好滑雪速度。

重点：注意转弯的时机，肩轴朝向自身质心的预期移动的轨迹，驱转双板完成转弯，注意准确性、高速性和流畅性。

练习 5：在初级道上用滑降（团身）姿势练习开放式大回转

重点：身体质心较低，双脚翻转，保证滑雪的速度和流畅性，驱转双板立刃完成转弯，不进行搓雪。

练习 6：在初级道或中级道上练习急速大回转（双手放在膝盖上推动膝关节弯曲转弯）

重点：身体质心较低，双脚翻转，推动膝关节弯曲转弯，要保证滑雪的速度和流畅性，驱转双板立刃完成转弯，不进行搓雪。

练习 7：以山下板为支点的滑雪练习

滑雪者在完成练习 1 ~ 6 时，在切换到下一个转弯和在转弯的第一个阶段时，可以稍稍用力向前蹬山下板（即支点滑雪板）。滑雪者这样做可以自然且毫不费力地使用山上侧踝关节发力并完成山上板立刃。

重点：注意转弯时机，肩轴朝向自身质心预期移动的轨迹，以山下板为支点，双脚发力翻转驱转双板完成转弯，注意平衡性和流畅性。

以山下板为支点滑雪只是一种练习的方法，并不是终极的转弯方法。

注：所有其他宽雪道练习都能在"现代滑雪理念"一章中找到。

在窄雪道上转弯的练习方法

先用 90 厘米长的滑雪板练习，再用 125 厘米的滑雪板练习，最后用滑雪者偏好长度的滑雪板练习。

在宽雪道上转弯是在窄雪道转弯的基础。简单来说，在窄雪道上转弯就是在宽雪道上转弯的缩小版，滑行更靠近滚落线，转弯半径更小，滑行节奏更具动态。

在任意一种地形条件的宽雪道上完成单个滑雪动作的正确与否是由速度控制得如何决定的。

滑雪者首次在窄雪道上尝试滑雪时，应该选择初级道进行尝试。当初级道不能满足练习的要求时，再在难度更高的中级道使用更长的滑雪板练习（因为整个训练过程按照由易到难的滑雪方式，所以滑雪者应循序渐进地去挑战高难度的地形条件）。

在任意一种地形的窄雪道上完成特定滑雪动作的正确与否是由速度控制得如何决定的。

注：滑雪者在遇到困难时可以随时换回较短的滑雪板（本次使用的是 125 厘米长的滑雪板）。

在窄雪道练习组合技术的方法

滑雪者沿着滚落线滑行下降，滑雪板分开，板头平行。

滑雪者从半低姿势开始逐渐压低身体姿势，双脚发力翻转，推动膝关节向前并向内弯曲，这会使得肩轴朝向自身质心预期移动的轨迹，从而靠近滚落线完成卡宾回转。滑雪者朝着下一次转弯的方向用力蹬雪，同时握住滑雪杖点地。双脚带着滑雪板一起发力旋转，并平行于滚落线（侧滑技术）。在剩余的转弯中，滑雪者双脚发力翻转（卡宾技术），立刃完成转弯。

滑雪者有节奏地在窄雪道上完成连续转弯，肩轴始终朝向自身质心预期移动的轨迹。

- **组合技术**
  首先双脚发力旋转（侧滑技术），
  然后双脚发力翻转（卡宾技术），
  完成转弯

★ **穆里建议**

请注意：

· 开放式站立，滑雪板分开，板头平行；

· 踝关节、膝关节和髋关节的动作要正确；

· 蹬雪和点杖动作配合协调；

· 脚部旋转和翻转动作结合；

· 保持身体平衡；

· 肩轴朝向自身质心预期移动的轨迹或朝向滚落线；

· 使用双板完成转弯；

· 有节奏地在窄雪道上完成连续转弯。

注：尽管压刃技术被看作是一种驱转选择，但是教练不会在窄雪道滑雪教学中只教压刃技术。

❄ 练习方法

练习1：在初级道练习开放式大回转切换成开放式回转（没有点杖动作）

重点：有节奏地完成回转，身体随转，注意准确性和流畅性。

练习2：在初级道上练习直滑降加点杖动作切换成开放式回转加点杖动作

重点：有节奏地完成回转、点杖动作，身体随转，注意准确性和流畅性。

练习 3: 在初级道练习从开放式大回转切换到开放式回转(结合点杖动作）

重点：有节奏地完成回转，点杖动作，身体随转，注意准确性和流畅性。

练习 4: 在初级道练习从开放式回转切换成急速回转（结合点杖动作）

重点：有节奏地完成回转、点杖动作，身体随转，注意准确性和流畅性。

在窄雪道上练习卡宾技术的方法

滑雪者沿着滚落线滑行下降，滑雪板分开，板头平行。

滑雪者从半低姿势开始逐渐压低身体姿势，双脚发力翻转，推动膝关节向前并向内弯曲，这样可以保证肩轴朝向自身质心预期移动的轨迹，从而靠近滚落线完成卡宾回转。最后，滑雪者朝着下一次转弯的方向用力蹬雪，同时握住滑雪杖点地，翻转双脚（卡宾技术），推动膝关节向前并向内弯曲，立刃完成回转，不进行搓雪。

滑雪者有节奏地在窄雪道上完成连续转弯，肩轴始终朝向自身质心预期移动的轨迹或朝向滚落线。

　　为了保持身体的稳定性，更好地控制滑雪板，滑雪者可以使用身体的条件反射，弯曲脊椎呈"猫式"伸展姿势。滑雪者纵向运动明显减少，身体倾斜角度增大，横向运动增多，以及成角增多。点杖动作是有节奏地滑雪的开始，它能帮助滑雪者迅速换刃、从一个转弯动态地转换到下一个转弯，并且帮助滑雪者保持并控制身体平衡。

卡宾技术
优秀的滑雪者在窄雪道上能在不进行搓雪的情况下立刃完成转弯

⭐ **穆里建议**

请注意：

· 开放式站立，滑雪板分开，板头平行；

· 踝关节、膝关节和髋关节的动作正确；

· 蹬雪和点杖动作配合协调；

· 脚部发力翻转；

· 保持身体平衡；

· 肩轴朝向自身质心预期移动的轨迹；

· 使用双板完成转弯；

· 有节奏地在窄雪道上完成连续转弯。

❄ 练习方法

练习 1: 在初级道练习从开放式大回转切换成开放式回转(没有点杖动作)

重点：在不进行搓雪的情况下完成回转，身体随转，注意准确性、节奏性和流畅性。

练习 2: 在初级道上练习从直滑降加点杖动作切换成开放式回转加点杖动作

重点：在不进行搓雪的情况下完成回转加点杖动作，身体随转，注意准确性、节奏性和流畅性。

练习 3：在初级道上练习从开放式大回转切换到开放式回转（加点杖动作）

重点：在不进行侧滑的情况下完成回转加点杖动作，身体随转，注意准确性、节奏性和流畅性。

练习 4：在中等陡坡上练习急速回转（没有点杖动作，以低的身体姿势做有特色的横向运动）

重点：迅速换刃，注意准确性、节奏性和流畅性。

练习 5：在较高难度的条件下滑雪并加快速度

重点：注意转弯的时机、准确性、节奏、速度和流畅性。

协调能力练习

我们想向所有青少年滑雪运动员介绍一项能力，即能准确、快速地完成不同滑雪动作，并能够做到零失误，保证动作轻盈的能力，也就是专项协调能力。这项能力对各个年龄组的滑雪运动员而言都很重要。我必须要指出在青少年早期，一般协调能力占主导地位。不管是哪一种体育运动，专项协调能力是指运动员完成各项运动项目，如球类运动、技巧项目、舞蹈等时的协调能力。就滑雪项目来说，专项协调能力是完成粉雪滑雪、雪上技巧、波浪式滑雪、在低能见度条件下的滑雪、坡面障碍技巧、U 型场地滑雪等的能力。

提升专项协调能力的练习是每项滑雪技术训练计划中的一

部分。滑雪者要想提高技术水平就需要投入大量的精力去攻克高难度的地形，进而完成更复杂的滑雪任务，如加大身体的倾斜角度，以更快的速度滑行，并以极限且最佳的方式完成最后的滑雪阶段。准确性和时机的把握一直都是滑雪者不断努力提升的技能。协调练习可以打破单调的训练，为滑雪者解决一个接一个的难题。

需要补充的是我们在滑雪时要不断地去感知和适应，并且调整身体姿势。也就是要在意识和潜意识两个层面产生本体感受。

提升协调能力的练习实例

方　　法	雪上或陆上练习实例
异常的起步姿势	在滑雪板上的大量练习，例如跳雪
使用非惯用手脚或以特殊的姿势完成滑雪任务	倒滑、用一只滑雪板滑、交叉点杖、用非惯用手扔球等
变换速度和节奏，改变滑雪速度	在雪道上变换滑雪节奏，增加或缩短旗门间的距离
限制活动空间	缩短旗门间的距离（如回转是 5 米），在小场地活动（如迷你网球场）等
改变技术动作或技能设定	在雪道上跳跃或波浪式滑雪
加入新动作来提高练习难度	在回转时完成特定任务，如手握一个球，边滑雪边将球从一只手传到另一只手
限制视觉	在视线被遮挡的条件下完成单个动作练习

使用特殊设备来提高练习难度	使用短滑雪板（125厘米）、旧式滑雪板等练习
在特殊条件下练习	在极其陡峭的斜坡上练习，在雾中练习，在上方悬挂足球的雪道上练习
参与相似的体育运动	泰勒马克滑雪、单板滑雪、体操、团队运动等

❄ 练习方法

练习1：在视线被遮挡的条件下滑雪

滑雪者在有限的视野条件下（如使用棒球帽、围巾或特制护目镜等遮住眼睛）完成单个动作练习或完成单次转弯。

遮挡视线：用胶带贴住护目镜下面，或贴上大小合适的硬纸片

练习 2：使用一只滑雪板滑

滑雪者用一只滑雪板在宽雪道上完成连续转弯。滑雪者在驱转时，一边给一侧的膝关节施压使其向前并向内弯曲（驱转内刃），一边倾斜身体给另一侧的膝关节施压使其向转弯方向弯曲（驱转外刃）。

注：使用一只滑雪板时，雪杖可用也可不用（点杖动作可有可无）。

练习 3：只使用山上板滑雪

滑雪者用山上板在宽雪道上完成连续转弯，而将山下板抬离雪面。倾斜身体入弯，给膝关节施压使其向转弯方向弯曲来完成立刃。

练习 4：倒滑

滑雪者在宽雪道上倒滑完成连续转弯。技术熟练的滑雪者利用卡宾技术或组合技术做出转弯，而技术水平较低的滑雪者可以旋转双脚来完成转弯。滑雪板保持平行并始终与雪面接触。另外，控制好滑雪速度。虽然是在地形简单、宽阔且空旷的地方滑雪，但始终要将安全放在第一位！

练习 5：正滑切换倒滑（转向）

滑雪者在宽雪道上完成连续转弯。完成 1 次转弯后，滑雪者转体 180°，继续倒滑或正滑。技术熟练的滑雪者利用卡宾技术或组合技术完成转弯，技术水平较低的滑雪者使用侧滑技术完成转弯。滑雪板保持平行，并且始终和雪面接触，转向时除外。另外，控制好速度。

重点：注意转体 180°、驱转、速度控制、平衡和流畅性。

我建议使用 UPS 双板头、125 厘米长的滑雪板。

练习 6：交叉滑板练习

滑雪者在宽雪道上交叉滑板并完成连续转弯。滑雪者仅用山上板（根据转弯姿势）完成单次转弯。

我建议使用 UPS 双板头、125 厘米长的滑雪板。

练习 7：Fuzzi 转弯

滑雪者以下蹲的姿势侧滑过山坡，将身体重量压在山上板上，并且伸直山下侧的腿。此时，山下板完全不承重地在雪上滑行。滑雪者的上半身要放松，伸直手臂来维持身体平衡。

滑雪者稍稍站起，倾斜身体朝向新的转弯方向，接着收回山下的腿，朝着滚落线改变方向，然后驱转山上板完成转弯，此时身体重量完全压在山上板上。

滑雪者伸直山下腿，将滑雪板一侧刻入雪中。

练习 8：查尔斯顿转弯

滑雪者利用靠近滚落线的山上板完成转弯。抬起山下板，两板板尾稍微分开，在转弯最后把腾空的滑雪板放在山上板上，从而立刃入弯进入新的转弯，然后利用靠近滚落线的山上板完成转弯。在窄雪道上转弯可以配合点杖动作完成。

先要成为一名出色的滑雪者，之后才能成为一名竞技滑雪运动员。

第 11 章

青少年高山滑雪技术教学

向青少年滑雪运动员教授正确的滑雪基础知识，并提高其滑雪技术是一项责任重大的工作。从各种意义上来说，这也是一项非常重要的工作。

虽然我不确定教练在提高自己的滑雪知识水平上有多认真或多真诚，但我认为总体情况正在好转。《斯洛文尼亚国家高山滑雪计划》（NPRS）已经正式颁布，明确定义了许多参数，如情景式滑雪的种类，并多次提到滑雪教练要提高滑雪知识的广度。

教练应该把时间花在实干上，而不是整日抱怨，但我在此并不打算批评。我知道一味地批评是不对的，所以我更愿意分享一些想法和好的做法。

我再补充一点，教练对运动员的影响很大，所以教练受过良好的教育并达到任职资格要求这一点至关重要。我个人认为斯洛文尼亚的教练都受过良好的教育，都具备合适的任职资格，可是他们没有吸纳新知识的欲望。

体育科学发展迅速，几年前的大量信息在今天可能就不再适用了。教练缺乏对新事物的探究欲望会导致其发展停滞，甚至衰退。我认为有些教练根本没有充分意识到这点。

> "教练的一个最大问题就是设立了错误的目标或者他们根本没有目标。"

今天的青少年并不比几十年前的青少年滑雪者强多少。更重要的是滑雪运动本身、滑雪装备和科学都取得了重大进步，这一点不容忽视。此外，教练在制订和执行训练计划时也应该认识到这一点，在开展滑雪技术教学时更应该如此。事实上，人类一生都在学习，但最重要的是我们在青春期结束之前都学到了什么。

开展滑雪技术教学应该侧重以下几点：

· 提高滑雪者的运动技能；
· 帮助滑雪者正确理解滑雪技术；
· 帮助滑雪者提升滑雪能力。

先成为出色的滑雪者，再成为竞技滑雪运动员

长期以来，我一直都很推崇这个观点，那就是决定把一生都献给职业滑雪的青少年滑雪者首先要成为出色的滑雪者，之后才能够成长为竞技滑雪运动员。

这是个人职业发展中唯一合理的顺序，然而有很多人对此表示不屑。滑雪者在实践中应遵循这个顺序。在各种赛道上滑雪已经成为滑雪者学习新技术的主要途径，甚至是唯一的途径，旗门训练则成了训练的主要标准。

我担心很多人只把高山滑雪技术与旗门滑雪联系起来，甚至将二者等同。这种教学方式在短期内肯定会带来好结果，而且也会让父母和教练满意。在这种情况下，目标证明了方法是

正确的，但是滑雪的终极目标完全是另外一回事。滑雪运动员正在失去学习渊博的滑雪知识的机会，而他们本该在将来最需要的时候用到这些知识。

因此，滑雪运动员技术知识的贫乏必须在后期发展过程中通过更多的训练来弥补。许多人不知道青少年可以在某个年龄阶段获得某些特定的滑雪技术①，因此教练要给青少年创造最理想的条件去提高其吸收信息的能力并获得肌肉记忆，这将会使青少年的整个学习过程更快速、更轻松且自主性更强。

需要考虑不同青少年的水平差异，这意味着要对不同的青少年有针对性地施加不同的训练负荷、训练量和训练强度。

如果我们希望青少年能在地区赛和国家比赛中赢得胜利，并且能够参与青少年国家队选拔名额的竞争，那么我们就要对其进行专业化训练。较早进行专业化训练确实是取得好结果的一种捷径，但是长期而言，这种方法会导致运动员过早地失去训练的动力，在比赛中情绪波动大，并且容易受伤。

我必须强调，个人项目的运动员需要在适当的时期接受专业化训练来保持个人的运动成绩。实际上，专业化训练从运动员开始练习某一项体育运动时就以某种形式存在，只是它在早期所占的比例较小。当青少年需要加强专业化训练时，我们再去探讨真正的专业化。

比赛有旗门设置，尤其是回转和大回转比赛明确规定了最

---

① 同一年龄组内的青少年在成长中通常有着明显的生物学差异，所以教练需要对不同的青少年有针对性地采用不同的教学方法。

终滑雪动作的各种情况和可能性，所以它们是对做好充分准备的滑雪运动员的一次完美考验。但是，我们不要忘记旗门设置，也直接暴露了运动员会犯的各种错误，也是运动员经历许多挫折的诱因。

不管训练是不是针对旗门，每一个精心设计的滑雪技术练习方法不仅给滑雪者提供了掌握广泛知识和技能的机会，同时也是他们拥有自信和从容的一步。虽然学习高山滑雪必须经过无数次的重复性训练，但是提高滑雪表现的主要动力仍然是对滑雪知识广度的追求。

训练愿景和目标

"制订运动训练计划需要具备长远的眼光，重要的是要把短期目标转化为长期目标。"

我们可以在某个发展时期去实现个人目标，在整个运动生涯中分阶段完成其不同的目标。共同之处是将所有的目标都紧紧地联系在一起。通常情况下，完成某个目标是实现另一个目标的条件。

随着青少年年龄的增长，从一个年龄组到另一个组，他们的滑雪能力和技能通常都会有所提高，因此滑雪职业生涯的每个阶段的训练都很具体。如果滑雪运动员在低年龄组未能实现某些目标，特别是未能掌握某些滑雪技术，那么他们升到高年龄组时滑雪技术是一个大问题。

　　愿景是一种规划，它由技术的改进、知识的获得、经验的积累，以及独特的预测分析能力组成，或者由其中几项组合而成。

　　很多人每天都面临着做决策的挑战。我必须承认做决策从来都不是件容易的事。世上不存在通用的或万能的获胜计划，所以我们偶尔有疑问也很正常。

　　我自己有时也会遇到这种情况。我认为抱有疑问是值得鼓励的。如果你毫无疑问，那么表示你很自大。生活中不会事事都如意。

　　尽管如此，教练在制订计划以帮助青少年获取广泛的滑雪知识时，你必须要相信他们敢于冒险。如果追求成功是建立在对失败的恐惧之上，就如同你的一生都陷入对死亡的无尽恐惧中一样。

　　简单来说，如果滑雪者想赢，那么他就必须知道自己也可能会输。重要的是他能一次又一次地从头开始去追求卓越，不要害怕失败。我们天生就是赢家，我们只需要知道自己想要什么即可。

不低估信息也不高估信息

　　青少年在早期学习滑雪时的感觉非常敏锐，接下来我会侧重于介绍我认为对青少年练习成果影响最大的话题。我要强调的是青少年滑雪者正在了解的信息有的有用，有的则是不良的信息。而且，他们学习的方式欠佳。

请记住，信息是一个特殊的陷阱，青少年在一段时间后才能吸收，所以切记不要：

·**低估信息**：这会使得运动员在获得某些技能的同时限制其进步；

·**高估信息**：这会增加运动员受伤、受挫、产生恐惧的频率，以及面临各种身心困境等风险。

低估信息的实例

我们确信青少年做不到下面的练习，所以要避免：

·滑粉雪或蘑菇道；

·高速滑雪；

·在高难度的雪道上滑雪；

·高难度的协调练习等。

在大多数情况下，我们的评估结果是错误的，而我们需要的只是一种经过调整的合适方法。我们所有的解释和论点都是正确的，而青少年无论如何都无法理解的说法是错误的。相反，如果青少年能够完全理解，那么就值得我们去解释，这样他们就能够轻松、快速地提高他们的滑雪技术和知识水平。

高估信息的实例

如果我们不考虑某个年龄组所有运动员的特征和技术水平，那么我们就可以大胆地去高估一个人的能力，比如：

·超高速的训练；

·在极高难度的雪道条件下训练；
·在极高难度的赛道设置上训练；
·在极高难度的跳台上训练等。

纠正措施的正确选择、排序和理解

我将用大篇幅来探讨这个主题。我经常看到很多毫无逻辑的方法，所以我必须要指出教练的一个错误就是设立了错误的目标或者根本没有目标。

教练应该总是把目标同过去的或将来的工作联系在一起，而且经常问自己，青少年在给定的时间内是否能实现这些目标，目标内容是否合理，难度是否适合特定学生的水平。我有时候觉得教练对待这一点不够认真，或者说他们根本就不重视这一点，否则我也没有必要用下面的实例来解释。

训练方法和纠正练习的选择必须绝对符合运动员的滑雪知识水平，以及其理解和学习已知信息的能力。因此，教练应将训练方法和纠正练习合理地结合起来，通过各种方式加以筛选，并辅以论据和理由，而不是从脑子里直接蹦出来。

❄ 实例 1："超人"的姿势

尽管这个练习看上去很合理，而且它也是一种常规姿势，但是很多教练并不能理解它。事实上，很多教练甚至不知道这个姿势是为了实现两个目标，而且每个目标都有自己的纠正方法。

采用"超人"的姿势是为了实现下面两个非常重要的目标：

（1）提高踝关节发力的能力（正确地开始转弯）

向前伸直，山下侧手臂完成 U 型转弯；

向前伸直，山下侧手臂完成连续转弯。

（2）纠正髋关节姿势（正确地驱转转弯）

向前伸直，山上侧手臂完成 U 型转弯；

向前伸直，山上侧手臂完成连续转弯。

如果教练让运动员采用"超人"的姿势去练习"从教练脑子里蹦出来"的想法，或者教练不遵循基本的教学原则和顺序的话，运动员的训练结果可能会恰恰相反——不仅无法纠正技术性错误，甚至会产生新的错误。

因此，在练习中，滑雪运动员在掌握踝关节如何适当地发力（踝关节翻转）之前，教练纠正其髋关节姿势（目标 B）会让运动员把身体重心有意识地压在髋关节上，使得膝关节呈明显的"A"字形，而且还会完全阻碍山上脚踝关节的活动。

即使滑雪者的山上脚踝关节还无法发力，他们还可以利用山下侧手臂推动髋关节大幅度地弯曲来完成转弯，并且髋关节也可以随着自身质心过早倾斜而转离滑雪板，这样做是合理的。但滑雪者如果采用这种姿势，他很可能会摔倒，并且会下意识地停止山上脚踝关节的动作，然后用山上脚踝关节支撑身体。令人遗憾的是这样做的时候膝关节就会呈"A"字形，并且会发生失误。

> 因此，采用"超人"的姿势来练习单次卡宾上坡转弯的动作顺序要合理：
>
> ·通过目标1练习翻转双脚踝关节，然后练习正确地转弯；
>
> ·通过目标2练习髋关节同时发力，然后练习正确地驱转转弯。

你可能已经注意到了选择不同的目标就会有不同的意义。

1.首先采用"超人"的姿势（目标1），山下侧的手臂向前伸出，这样滑雪者就更容易沿着自身质心预期移动的轨迹运动，而且也留有足够的空间方便山上侧踝关节活动，更重要的是翻转踝关节变得更方便。

2.只有滑雪运动员能够做到完成翻转踝关节转弯，教练才能开始纠正其髋关节的姿势。也就是采用"超人"的姿势（目标2），通过向前伸出山上侧手臂来改善髋关节的姿势。

尽管我们都想纠正滑雪技术，但粗心大意、采取错误的方法只会导致我们离预期目标越来越远。滑雪运动员花几个赛季的时间去纠正一个错误的案例有很多。

超人 B

超人 A

- 提高踝关节发力的能力，改善整个转弯

- 纠正髋关节姿势，改善转弯驱转

❄ 实例 2：高髋关节姿势

- 根据质心平衡位置，正确的髋关节姿势

- 根据转弯所处的阶段，髋关节扭转的角度

● 髋关节与滑行路径之间的距离合适

入弯时质心位置较高

- 伸直并牵动山下侧膝关节

入弯时质心位置较低

- 山下侧膝关节弯曲并发力

● 错误示范：
髋关节被压低到膝关节后面

　　弯曲髋关节来维持身体平衡是必要的。通过给板刃施压使其刻入雪中，可以让滑雪者的质心尽可能地偏离滑行路径。如果动作分析表明滑雪者没有理解教练的建议——采用高髋关节姿势进行滑雪，那就太好了！

　　我曾在训练中问过一些教练对高髋关节的认识，每个教练的回答都不一样。如果教练对某些细节的解释都不能统一，那怎么能期望滑雪运动员能正确理解并执行呢？

我认为"高髋关节姿势"在滑雪运动员的滑雪表现方面有太多模棱两可的地方。"高"本身就偏离了现代滑雪技术的发展趋势，它在无意中暗示了错误的说法。但我从个人经验中得出了事实，即我们必须以较高的髋关节姿势进行滑雪。

所以，以高髋关节姿势滑雪是什么意思呢？

现代滑雪理念的第六条"保持低姿势"实际上揭示了现在的滑雪姿势比过去的姿势低得多这个事实。低质心是一个好起点，可以让滑雪速度更快，使其与雪道产生更有效的能量传递，更好地适应不断变化的环境、空气动力、平衡及整体动力。

我们应该迅速翻转踝关节或旋转双脚，然后立即推动髋关节完成转弯。其中，最重要的是动作顺序，即踝关节先发力，然后髋关节再发力。

滑雪者的质心位置并不高，从逻辑上来说，髋关节位置也不高。如我们所说，髋关节应该随着质心运动，而质心始终放在滑雪板上，并且绝不能将髋关节压低到膝关节的后面。不管滑雪者处在哪个回转阶段，髋关节位置都不能压低到膝关节的后面。

・太高：滑雪者的基本滑雪姿势，距离地面的距离；

・太低：髋关节压低到膝关节后面时滑雪者的姿势，这种姿势是错误的。

那么，我们什么时候才能采用高髋关节姿势滑雪呢？

我认为不可能对高髋关节姿势和低髋关节姿势做出明确的规定。在任何情况下，对此做出明确规定的做法既不恰当也不清晰。

髋关节和雪面之间的距离取决于滑雪者的质心。这意味着滑雪者在滑雪时：

· 抬高或压低身体质心，但不要抬高或压低髋关节；

· 髋关节可以前倾，但不能压低到膝关节后面。

髋关节是完成转弯的一个最重要的细节，所以滑雪者应该按照以下方式调整髋关节的姿势：

· 滑雪者根据所处的转弯阶段适当地扭转髋关节；

· 根据滑雪板的中心（保持身体的平衡姿势），调整髋关节的姿势；

· 根据髋关节与滑行路径之间的距离（质心距离）调整髋关节的姿势（推压髋关节大幅度弯曲或稍微弯曲入弯）。

❄ 实例 3：速降姿势的练习

以各种速降姿势（高姿势、半高姿势或低姿势）进行滑雪练习对青少年滑雪者非常有效。很多人很少会采用速降姿势是因为他们觉得这种基本姿势太保守和受局限，这也是速降姿势经常被当作一种突破速度障碍的练习方法，而很少被当作高山滑雪基本技术练习方法的原因。

我经常使用这种姿势。原因很简单，速降姿势本身要求滑雪者的身体要非常灵活，身体呈流线型，并且降低质心，手臂发力，并保持身体平衡，两个踝关节要同时发力，还有竞技滑雪运动员都很难做到的一点——小腿发力。

弯曲是为了直接积累身体能量，并且将动作传递给滑雪板和雪面。这样做的目的只有一个，即在一侧滑雪板上施加理想的压力，而在另一侧滑雪板上产生最大的加速度。

速降姿势是青少年练习正确的高山滑雪姿势的一种最简单、最有效的方法，是其他复杂滑雪动作的基础。

教练可以让青少年通过所有可能的方法去完成各种速降姿势的训练，如不使用滑雪杖、使用滑雪杖、拿着网球或夹着气球去完成转弯等。夹着气球完成转弯的练习尤其有效。实际上，夹着气球消除了滑雪者在滑雪中犯错的可能性，并且由于有气球充当隔离物，山上脚踝关节就会自主发力，同时保持滑雪板之间的距离不变，所以它是一种理想的练习方式。

❄ 实例 4：以山下板为支点滑雪

以山下板为支点滑雪是指滑雪时山下板稍微在前。

早在 1992 年，罗克·彼得罗维奇（Rok Petrovié）就曾写过有关以山下板为支点滑雪的理论："……在起步转弯时，你要试着让双脚尽可能保持平行，或者山下脚比山上脚略微在前，并且保持住这个姿势。除了踝关节弯曲外，向雪面施加的压力很有可能会导致身体力量更多地传向滑雪者的运动方向，而不会像对雪面直接施加压力那样造成阻碍。"

根据对竞技滑雪运动员完美的转弯表现的分析，山下板（脚）稍微在前实际上并不是为了下一次转弯，而是为了让髋关节和滑雪板保持与上一个转弯结束时相同的姿势。

毫无疑问，这个姿势很明确，即髋关节运动的方向与质心在下一次转弯中的方向一致。

如果滑雪者继续坚持采用这个姿势，那么已经变成山下板的山上板在换刃过程中将在最低限度范围内保持向前推进，并且发挥以山下板为支点滑雪的作用。

> 我说的山下板稍微在前的姿势是在换刃入弯的瞬间而非最终完成转弯时。

上述动作中最关键部分并不是人为创造的滑雪板的姿势，而是从一个转弯切换到另一个转弯过程中髋关节的姿势是否正确。同时，这也意味着髋关节的姿势在上一个转弯结束时和包括整个换刃阶段到下一个转弯开始为止始终保持不变。

髋关节轴决定了其他关节（膝关节、踝关节）的姿势，所以以山下侧为支点来开始下一次转弯是很合理的。山下板稍微在前的姿势可以给滑雪者创造更多的运动空间，内刃立刃更快且更能达到最大极限，身体侧倾能到达最大极限，身体也能保持平衡，而这正是我们所追求的。

以山下板为支点滑雪可以给滑雪者创造更多的运动空间（入弯阶段），内刃立刃更快且更能达到最大极限

合理纠正错误、教授新知识

青少年滑雪者可以像海绵一样吸收信息，所以教练必须认真确定应该纠正他们的哪些错误，以及应该给他们提供什么样的正确信息。教练不能操之过急，不能在心里还没有清晰的概念时就夸大某个错误并进行纠正。

学习滑雪技术就像盖房子，只有在准确、精细地打好地基之后才能继续开展其他后续工程。这是盖房子的唯一合理方式。同时，教练会面临运动员产生的一系列连锁错误，需要教练去寻求更好的解决方案和临时应对措施，否则会彻底失败。

为了让滑雪运动员们快速进步，教练会要求他们坚持训练，纠正他们的错误。虽然这种方法避免了单调的训练，但没有给滑雪运动员留下足够的时间去适应和吸收教练教授的所有信息。运动员们的知识积累开始失控，他们感到茫然失措，觉得自己离目标越来越远而不是一步步迈向成功，开始怀疑自己的选择是否合理。

我要说明一点：我并不提倡限制给运动员提供必要信息的数量。任何局限条件都会限制滑雪者的视野和对知识的吸收。

我想指出的是，运动员在极短的时间内完成大量不同的任务会产生大量无法吸收的信息，这样会导致他们无法深入、恰当地处理信息，进而无法实现他们的首要目标，即提升自己的水平和技能。

结合上述内容，穆里建议很简单，那就是教练遵循人们常说的原则（从已知到未知，从已掌握的到未掌握的）开展滑雪新知识和新技术的教学。

在"卓越的理解力，卓越的表现"一章中，我说过滑雪者了解滑雪技术和一切与之有关的事物都至关重要。而令人遗憾的是教练给运动员纠正的大量错误对他们的帮助并不大。

针对不同年龄组的滑雪运动员，滑雪技术细节的教学必须循序渐进，通俗易懂。教练切勿跳过任何步骤。

> **在运动员没有正确掌握已有知识的情况下，教练去纠正高难度的错误和进行高难度的教学完全是无稽之谈，这只会导致失败。**

另外，滑雪运动员都是非常聪明的观察者和模仿者。他们要想快速且轻松地提高滑雪技术，在训练过程中就要充分理解并掌握所有的滑雪动作。

教练只需要教授运动员能够掌握的动作，然后耐心等待！

注：滑雪运动员的每次失败对他们都是一次无情的打击。失败的次数越多，他们就越沮丧。

要坚持、要有耐心

实际上，任何人都不可能在一晚上就能实现目标。大多数成功的案例都是建立在精心计划的训练过程之上的，其中最重要的至少有两点：要坚持、要有耐心。

竞技滑雪运动员把成绩作为衡量自己成功与否的标准，所以他们对教练的期望自然就很高。取得成绩的压力会迫使教练经常匆忙行事，跳过某些训练步骤，高估运动员目前的水平和技能。

换句话说，教练必须脚踏实地、坚持不懈地教授运动员学习所有的基础知识，让他们接受现代滑雪技术的各项训练，更重要的是要帮助他们不断追求完美的滑雪表现。请允许我补充一点：学习知识不只是为了完美地完成某些滑雪动作，而是要获得在不同训练条件下滑雪的能力。最明显的一点是提升在不同雪况下滑雪的能力，毕竟雪况不会一直都保持在理想状态。很多人只在完美的雪况下进行练习，这是片面的。我认为任何一种雪况（不论好坏）都值得我们花时间去认真练习。

> "没有糟糕的雪况，只有不努力的滑雪者！"

滑雪运动员和教练的最好投资就是进行现代滑雪技术的练习，并拓宽自己的知识面，提高技能和学习其他滑雪项目。尽管我们说这是一个长期且永无止境的过程，但滑雪运动员和教练的坚持、有耐心能够切实提高成功实现目标的可能性。

下面列出了在各个年龄组的滑雪运动员应掌握的滑雪技术。

不同年龄组的青少年应掌握的滑雪技术

10 岁组

·能在所有身体侧倾（山上侧）的情况下保持滑雪板平行；

·能在各种雪地条件下（抓地力好的雪面、冻雪、颗粒状春雪、泥雪）保持滑雪板平行；

·能在较低难度和中等坡度的地形条件下以合理的速度应用卡宾技术；

·能在所有身体侧倾的情况下旋转双脚（压刃）进行平行式滑雪；

·能进行基本协调能力的练习，如使用滑雪杖的动作、小幅度跳跃、穿着滑雪板原地踏步、身体略微侧倾使用一只滑雪板滑雪；

·具备正确的速降姿势（团身），驱转滑雪板，尽量不搓雪（平坦地形）；

·具备作为自由式滑雪一部分的跳台滑雪基础（掌握完成跳台滑雪的准备方法和滑雪技术，重点是跳得安全，而不是跳得很远）；

·具备在地形公园滑雪的基础；

·具备小蘑菇滑雪的能力；

·具备粉雪滑雪的能力；

·具备障碍追逐（赛道设置适用于 10 岁组）的能力；

·掌握大回转赛道设置的基本战术［大间距旗门滑雪（香蕉弯）、跳坡、在平坦地形上回转切换、变换节奏等］。

12 岁组

·能在较低难度和中等坡度的地形条件下以合理的速度应用卡宾技术；

·能在所有身体侧倾的情况下旋转双脚（侧滑）进行平行式滑雪；

·能进行复杂协调能力的练习，如使用滑雪杖的练习、跳跃、穿着雪板原地踏步、在中等难度的地形条件下使用一只滑雪板滑雪、简单转弯等；

·具备正确的速降姿势（团身），驱转滑雪板，尽量不搓雪（平坦地形）；

·具备作为自由滑雪一部分的跳台滑雪基础（掌握完成跳台滑雪的准备方法和滑雪技术，重点是跳得安全，而不是跳得远）；

·具备在地形公园滑雪的基础；

·能在中等难度的地形条件下进行猫跳滑雪；

·具备粉雪滑雪的能力；

·具备障碍追逐（赛道设置适用于 12 岁组）的能力；

·掌握大回转赛道设置的基本战术（大间距旗门滑雪、跳坡、在平坦地形上回转切换、变换节奏等）；

·具备使用回转滑雪板滑雪的基础，并能正确回转；

·具备障碍雪道滑雪的基础（旗门短桩、障碍模型等）。

14 岁组

·能在较低、中等和高难度的地形条件下以合理的速度应用卡宾技术；

·能在所有身体侧倾的情况下旋转双脚（后刃）进行平行式滑雪；

·能进行复杂的协调能力的练习，如使用滑雪杖的练习、跳跃、穿着雪板原地踏步、在中等难度的地形条件下使用一只滑雪板滑雪，简单转弯等；

·能闭眼滑雪；

·具备正确的速降姿势（团身），驱转滑雪板，尽量不搓雪（中等难度地形）；

·具备作为自由式滑雪的一部分的跳台滑雪基础（掌握完成跳台滑雪的准备方法和滑雪技术，重点是跳得安全，而不是跳得远）；

·具备在地形公园滑雪的基础；

·具备在中等难度的地形条件下进行猫跳滑雪和在粉雪滑雪的能力；

·具备滑雪障碍追逐（赛道设置适用于 14 岁组）的能力；

·掌握大回转赛道设置的基本战术（大间距旗门滑雪、跳坡、在平坦地形上回转切换、变换节奏等）；

·掌握回转赛道设置的基本战术（大间距旗门滑雪、跳坡、在平坦地形上回转切换、变换节奏等）；

·掌握超级大回转赛道设置的基本战术（滑行路线的选择、跳坡、在平坦地形回转转换、跳跃等）。

16 岁组

·能在较低、中等和高难度的地形条件下以合理的速度应用卡宾技术；

·能在所有身体侧倾的情况下旋转双脚（侧滑）进行平行式滑雪；

·能进行复杂的协调能力的练习，如使用滑雪杖的练习、跳跃、穿着雪板原地踏步、在中等难度的地形条件下使用一只滑雪板滑雪，山上板转弯等；

·能闭眼滑雪；

·具备正确的速降姿势（团身），驱转滑雪板，尽量不搓雪（中等难度地形）；

·具备作为自由式滑雪的一部分的跳台滑雪基础（掌握完成跳台滑雪的准备方法和滑雪技术，重点是跳得安全，而不是跳得远）；

·具备在地形公园滑雪的基础；

·能在中等难度的地形条件下进行猫跳滑雪；

·具备粉雪滑雪的能力；

·具备障碍追逐（赛道配置适用于 16 岁组）的能力；

·掌握大回转赛道设置的基本战术（大间距旗门滑雪、跳坡、在平坦地形上回转切换、变换节奏等）；

·掌握回转赛道设置的基本战术（大间距旗门滑雪、跳坡、在平坦地形上回转切换、变换节奏等）；

·掌握超级大回转赛道设置的基本战术（滑雪路线的选择、跳坡、平坦地形上回转切换、跳板等）。

滑雪的准确性和美感

虽然我们可以自由地给出众多滑雪技术分析和为完成滑雪

的动作增加美学元素，但美学在比赛表现中毫无用处。我们喜欢或不喜欢一个人的风格都无所谓，唯一真实且合理的标准仍然是技术上的准确和完美的滑雪表现。

无论如何教练都不应该给滑雪运动员（不论他们的年龄）增加负担，要求他们在使用滑雪技术时体现美感。美讲究时机，当时机到了，感觉对了，美感自然就会产生。

对于我们一直在练习的滑雪技术动作，最重要的是要正确地完成。

如果滑雪者通过适当的练习能够改善身体平衡，增加膝关节和踝关节的柔韧性，并且根据地形条件在垂直和水平方向上调整质心位置，改善驱转，以及适当地向滑雪板施压和减压等，那么他们就抓住了练习的重点。

我再补充一点基本要求，也是我对自己及每位滑雪者提出的基本要求："滑雪者在训练中要一直穿着比赛服，这样能保

无论如何教练都不应该给滑雪运动员（不论他们的年龄）增加负担，要求他们在使用滑雪技术时体现美感。美感讲究时机，当时机到了，感觉对了，美感自然会产生

持比赛的感觉，还有身体位置感、竞争动力和竞争内驱力！"

正确的高山滑雪技术训练是基于：

· 对现代滑雪的合理分析；

· 与现代滑雪技术相对应的滑雪要素的应用；

· 合理的动作模式；

· 对现代滑雪技术优势的考量；

· 五大特点：速度、节奏、时机、准确性和流畅性。

青少年滑雪年度训练计划

经过精心计划的训练过程都是有方法论和科学支持的。这个过程不仅考虑了如何通过高水平训练让滑雪者在比赛中取得出色表现，而且考虑了运动员的潜力、发展水平和目前具备的能力。

竞技滑雪的竞争经常需要教练去寻找快速的解决方案。实际上，这是对教练知识广度的一次非常严苛的考验，同时也是一个在我们真正意识到之前就陷入其中的陷阱。如果教练没有合理的计划和对长期训练计划的自行监测，在寻求解决方案的过程中很快就会失控，并陷入恐慌，会选择过多的训练量，跳过部分训练步骤，过早进行专业化训练以及不惜任何代价追求结果。实践告诉我们，很多教练在寻求最佳解决方案时就是采取的这些办法。这些办法在短期内通常会给运动员带来更好的结果和合理的离均差，但长期的统计数据表明结果却恰恰相反。

> **不知道自己想要什么、要去哪里的人，往往会对自己的结局和原因感到吃惊。**

青少年滑雪运动员如果训练过度，尤其是早期就在雪上训练，他们会很容易受伤，并且过早地承受过重的负担，渐渐地失去对滑雪的兴趣，或许还会表现出所谓的竞技倦怠。另外，只为了尽可能达到最佳竞技水平这个特殊目标而过度增加训练量会间接影响滑雪运动员的全面发展。

一个好的计划必须能够反映体育科学各个领域之间相关性的知识，用体育科学知识去规划滑雪运动员的生理和心理反应。教练对运动员身体是如何对特定刺激做出反应始终充满着兴趣。训练是一个大挑战，会产生身体疲劳，所以休息时间就要够长，足以使运动员在下次训练之前适当恢复或者超常恢复。教练在与青少年滑雪者一起工作时应该明白他们不是"小大人"，而是孩子。

> **无论是从规定的训练量还是计划目标来说，训练计划都不可能有雷同。穆罕默德·阿里曾说过："不要数着日子过，而要让每一天都有意义！"**

不久前，斯洛文尼亚政府通过了《斯洛文尼亚国家高山滑雪计划》，旨在限制青少年滑雪训练量过度。该计划还规定了适度的训练量和其他数据，而这些数据针对特定年龄组给定了最合适的年度训练计划，包括每周体能训练和滑雪的天数、情景式滑雪和赛道滑雪的天数和练习内容、比赛体系等。以下内容节选自斯洛文尼亚高山滑雪计划，并且根据各个年龄组分别列出。

《斯洛文尼亚国家高山滑雪计划》

8～9岁：蓝色计划

运动经验：2～4年

年度训练活动

1.每周体能训练

冬季2次，夏季3次，总计不超过85天/年。

注：青少年应在夏季参加更多的体育运动。

2.每周滑雪

冬季2～3次，总计不超过60天/年，包括比赛时间。

注：滑雪季以滑雪场关闭时间为准。春季可以在冰面上安排其他训练。

雪上训练应安排在10月15日之后（最好在秋季假期）。

夏季不应给10岁以下年龄组的运动员安排滑雪训练。

3.情景式滑雪

总计不超过40天/年，雪上训练不超过总练习时间的70%。

· 在玩乐中练习基本技术；

· 练习旋转技术和速度控制；

·练习卡宾技术，禁止搓雪；

·练习身体随转、踝关节和髋关节发力、垂直和横向运动；

·用短滑雪板（90 厘米）练习基本技术；

·在各种地形上滑雪（波浪道、各种斜坡、小蘑菇道等）；

·在各种天气情况下（晴天、雾天、雪天、大风天等）滑雪；

·在各种雪地条件下（软雪、硬雪、粉雪等）滑雪；

·提高速度上限（使用速降姿势滑降）；

·以不同的速度滑雪（单个动作的速度不同）；

·了解不同种类的滑雪练习（不用滑雪杖、用一根滑雪杖、用一只滑雪板滑、倒滑等）；

·了解基本的滑雪技巧（正滑和倒滑切换、小跳台、自由式滑雪等）；

·在地形公园滑雪（跳台、道具、"U"型槽等）；

·雪上接力及其他游戏；

·教学雪道设置：回转路线、障碍；特殊赛道设置（2 条、3 条或 4 条回转路线，雪道垂直落差 8 ~ 10 米，水平距离 4 ~ 5 米，设有多个旗门转弯等）。

4.赛道滑雪

总计不超过 20 天 / 年，雪上练习不超过总练习时间的 30%（包括比赛时间）。

（1）项目：大回转，90%；旗门间最大距离为 18 米

·在适中的大回转设置条件下（较低难度的地形，使用短旗门）练习；

·针对简单的大回转设置条件(使用一般旗门和其他标示物，如帽子、矮树丛、短旗门、塑料管等，还可以用小树枝标出路线）练习；

·练习起步姿势（点杖、蹬雪、交叉步基础）；

·在有简易大回转障碍的波浪道上练习（使用短旗门跳跃）；

·在较低难度障碍场地内练习大回转（不用跳跃）。

（2）项目：回转，10%；旗门间最大距离为 10 米，最小距离为 6 米。

在较低难度的地形、使用短旗门进行回转练习。

5. 比赛体系

总计不超过 10 场比赛

（1）全能赛（组织者：滑雪俱乐部）

包括回转和大回转的变换、坡道参数和各类地形条件的变量（波浪道、雪墙、回转半径等），使用彩色标示物在雪面标出赛道。

（2）滑雪障碍追逐赛（组织者：滑雪俱乐部）

在低难度障碍模型内进行比赛，禁止跳跃。

注：组织者必须至少在比赛前 2 天完成训练道和赛道的检查。

（3）大回转比赛（组织者：滑雪俱乐部）

·以俱乐部为参赛单位在当地进行比赛。

·地区杯竞赛（5 场大回转比赛）：旗门最大距离为 18 米。

---

①滑雪运动员可以去追求自己的极限，但同时也会为比赛而投入更多的资金和时间。

如果条件允许，在同一赛道设置条件下比赛一轮或两轮。[1]如果比赛两轮，成绩以用时最短的为准。

每月可举行3场大回转比赛（1月、2月和3月都可以举行），但一周只能有1场比赛。

（4）回转比赛（组织者：滑雪俱乐部）

·地区杯竞赛（3场回转比赛）：旗门间最大距离为10米，最小距离为6米。

如果条件允许，在同一赛道设置条件下，比赛一轮或两轮。如果比赛两轮，成绩以用时最短的为准。

每月只能举行1场回转比赛（1月、2月和3月都可以举行），但每周只能有1场比赛。

建议每家滑雪俱乐部都备有少量短滑雪板（90 厘米长和 125 厘米长），供运动员练习滑雪技术用。

10 ~ 11 岁：绿色计划

运动经验：4 ~ 6 年

年度训练活动

1. 每周体能训练

冬季 2 ~ 3 次，夏季 3 次，总计不超过 95 天 / 年。

注：青少年应在夏季参加更多的体育活动。

2. 每周滑雪

冬季 3 次，总计不超过 80 天 / 年，包括比赛时间。

注：滑雪季以滑雪场关闭时间为准。春季可以在冰面上安排其他训练。雪上训练应安排在 10 月 15 日之后（最好在秋季假期）。

夏季不应给 12 岁以下年龄组安排滑雪训练。

3. 情景式滑雪

总计不超过 45 天 / 年，雪上练习不超过总练习时间的 60%。

· 练习基本技术（姿势、身体平衡等）；

· 练习旋转技术和速度控制；

· 练习卡宾技术，禁止搓雪；

· 练习身体随转、踝关节和髋关节发力、垂直运动和横向运动；

· 使用短滑雪板（90 厘米长和 125 厘米长）练习基本技术；

· 在各种地形上滑雪（波浪道、各种斜坡、小蘑菇道等）；

· 在各种天气情况下（晴天、雾天、雪天、大风天等）滑雪；

· 在各种雪地条件下（软雪、硬雪、粉雪等）滑雪；

· 提高速度上限（使用速降姿势滑降）；

· 以不同的速度滑雪（单个动作的速度不同）；

· 了解不同种类的滑雪练习（不用滑雪杖、用一根滑雪杖、用一只滑雪板、倒滑等）；

· 了解基本的滑雪技巧（正滑和倒滑切换、小跳台、自由式滑雪等）；

· 在地形公园滑雪（跳台、道具、"U"型槽等）；

· 在窄雪道上快节奏练习；

· 雪上接力及其他游戏；

· 教学雪道设置：回转路线、障碍、特殊赛道设置（2 条、3 条或 4 条回转路线，雪道垂直落差 8 ~ 10 米，水平距离 4 ~ 5 米，设有多个旗门转弯等）。

4. 赛道滑雪

总计不超过 35 天 / 年，雪上练习不超过总练习时间的 40%（包括比赛时间）。

（1）项目：大回转，80%；旗门间最大距离为 22 米。

· 在适中的大回转设置条件（中等难度地形，使用短旗门）下练习；

· 在适中的大回转设置条件（使用一般旗门和其他标示物，

还可以用小树枝标出路线）下练习；

·练习起步姿势（点杖、蹬雪、交叉步基础）；

·在波浪道上中等难度的大回转障碍模型内练习（使用短旗门、小跳台）；

·在较低难度障碍模型内练习大回转。

（2）项目：回转，20%；旗门间最大距离为 10 米，最小距离为 6 米。在适中的回转设置条件（较低难度地形，使用短旗门）下练习。

5. 比赛体系

总计不超过 15 场比赛。

（1）全能赛（组织者：滑雪俱乐部）

包括回转和大回转的变换、坡道参数和各类地形条件的变量（波浪道、雪墙、回转半径等），使用彩色标示物在雪面上标出赛道。

（2）滑雪障碍追逐赛（组织者：滑雪俱乐部）

在低难度障碍模型内进行比赛，禁止跳跃。

注：组织者必须至少在比赛前 2 天完成训练道和赛道的检查。

（3）大回转比赛（组织者：滑雪俱乐部和滑雪联盟）

·国家杯竞赛（3 场大回转比赛、1 场超级大回转比赛、1 场全国比赛）；

·地区杯竞赛（5 场大回转比赛）：旗门间最大距离为 22 米。

如果条件允许，在同一赛道设置条件下比赛一轮或两轮。如果比赛两轮，成绩以用时最短的为准。

每月可举行3场大回转比赛（1月、2月和3月都可以举行），但每周只能有1场比赛。

（4）回转比赛（组织者：滑雪俱乐部）

·地区杯竞赛（3场回转比赛）：旗门间最大距离为10米，最小距离为6米。

如果条件允许，在同一赛道设置条件下比赛一轮或两轮。如果比赛两轮，成绩按用时最短的算。

每月只能举行1场回转比赛（1月、2月和3月都可以举行），但每周只能有1场比赛。

建议每家滑雪俱乐部应备有少量短的滑雪板（90厘米长和125厘米长），供运动员练习滑雪技术用。

12 ~ 13 岁：橙色计划

运动经验：6 ~ 8 年

年度训练活动

1. 每周体能训练

冬季 2 ~ 3 次，夏季 3 ~ 4 次，总计不超过 100 天 / 年。

注：青少年应在夏季参加更多的体育活动。

2. 每周滑雪

冬季 3 ~ 4 次，总计不超过 100 天 / 年，包括比赛时间。

注：滑雪季以滑雪场关闭时间为准。春季可以在冰面上安排其他训练。雪上训练应安排在 9 月 15 日之后。夏季不应给 12 ~ 13 岁年龄组安排滑雪训练。

3. 情景式滑雪

总计不超过 35 天／年，雪上练习不超过总练习时间的 35%。

·练习基本技术（姿势、身体平衡等）；

·练习旋转技术和速度控制；

·练习卡宾技术，禁止搓雪；

·练习身体随转、踝关节和髋关节发力、垂直运动和横向运动；

·使用短滑雪板（90 厘米长和 125 厘米长）练习基本技术；

·在各种地形上（波浪道、各种斜坡、小蘑菇道等）滑雪；

·在各种天气情况下（晴天、雾天、雪天、大风天等）滑雪；

·在各种雪地条件下（软雪、硬雪、粉雪等）滑雪；

·提高速度上限（使用速降姿势滑降）；

·以不同的速度滑雪（单个动作的速度不同）；

·了解不同种类的滑雪练习（不用滑雪杖、用一根滑雪杖、用一只滑雪板滑、倒滑等）；

·了解基本的滑雪技巧（正滑和倒滑换向、小跳台、自由式滑雪等）；

·在地形公园滑雪（跳台、道具、"U"型槽等）；

·在窄雪道上使用较快的节奏练习；

·闭眼滑雪（遮挡视线或闭眼）；

·教学雪道设置：回转路线、障碍模型、特殊赛道设置（2 条、3 条或 4 条回转路线，雪道垂直落差 8～10 米，水平距离 4 ~ 5 米，设有多个旗门转弯等）。

4. 赛道滑雪

总计不超过65天/年，雪上练习不超过总练习时间的65%（包括比赛时间）。

（1）项目：大回转，50%；旗门间最大距离为 24 米

·在适中的大回转设置条件（中等难度地形，使用短旗门）下进行练习；

·在适中的大回转设置条件（使用一般旗门和其他标示物，比如矮树丛、短旗门，还可以用小树枝标出线路）下进行练习；

·练习起步姿势（点杖、蹬雪、交叉步基础）；

·在波浪道上高难度大回转障碍模型内练习（使用短旗门、跳台）；

·在高难度障碍场地内练习有障碍设置的（低难度跳台）大回转。

（2）项目：回转，35%；旗门间最大距离为 10 米，最小距离为 7 米

·在适中的回转设置条件（中等难度地形，使用短旗门）下练习；

·在适中的回转设置条件（中等难度地形，使用一般旗门）下练习。

（3）项目：超级大回转，15%；要将大回转练习的所有天数计入总的练习天数。

·在适中的超级大回转设置条件（低难度地形）下练习；

·练习超级大回转基本技术（低难度地形，分步训练）。

5. 比赛体系

总计不超过 20 场比赛。

（1）大回转比赛（组织者：滑雪俱乐部和滑雪联盟）

·国家杯竞赛（4 场大回转比赛、1 场超级大回转比赛、1 场全国比赛）；

·地区杯竞赛（3 场大回转比赛）：旗门间最大距离为 24 米；

·比赛 2 轮；

·集体赛道检查（14 岁以下和 16 岁以下）；

·每月可举行 3 场大回转比赛（1 月、2 月和 3 月都可以举行），但每周只能有 1 场比赛。

（2）回转比赛（组织者：滑雪俱乐部和滑雪联盟）

·国家杯竞赛（4 场回转比赛、1 场超级回转比赛、1 场全国比赛）；

·地区杯竞赛（3 场回转比赛）：旗门间最大距离为 10 米，最小距离为 7 米；

·比赛 1 轮或 2 轮；

·每月只能举行 1 场回转比赛（1 月、2 月和 3 月都可以举行），每周只能有 1 场比赛。

（3）超级大回转比赛（组织者：滑雪俱乐部和滑雪联盟）

·国家杯竞赛（3 场超级大回转比赛、1 场全国比赛）；

·地区杯竞赛（无）。

14 ～ 15 岁以下：红色计划

运动经验：8 ～ 10 年

年度训练活动

1. 每周体能训练

冬季 2 ～ 3 次，夏季 4 ～ 5 次，总计不超过 110 天 / 年。

注：青少年应在夏季参加更多的体育活动。

2. 每周滑雪

冬季 3 ～ 4 次，总计不超过 115 天 / 年，包括比赛时间。

注：滑雪季以滑雪场关闭时间为准。春季可以在冰面上安排其他训练。

雪上训练应安排在 9 月 1 日之后。夏季不应给 14 ～ 15 岁年龄组安排滑雪训练。

3. 情景式滑雪

总计不超过 25 天 / 年，雪上练习不超过总练习时间的 20%。

· 练习基本技术（姿势、身体平衡等）；

· 练习旋转技术和速度控制；

· 练习卡宾技术，禁止搓雪；

· 练习身体随转、踝关节和髋关节发力、垂直运动和横向运动；

· 使用短滑雪板（90 厘米长和 125 厘米长）练习基本技术；

· 在各种地形上（波浪道、各种斜坡、小蘑菇道等）滑雪；

· 在各种天气情况下（晴天、雾天、雪天、大风天等）滑雪；

· 在各种雪地条件下（软雪、硬雪、粉雪等）滑雪；

· 提高速度上限（使用速降姿势滑降）；

· 以不同的速度滑雪（单个动作的速度不同）；

· 了解不同种类的滑雪练习（不用滑雪杖、用一根滑雪杖、用一只滑雪板滑、倒滑等）；

· 了解基本的滑雪技巧（正滑和倒滑切换、小跳台、自由式滑雪等）；

· 在地形公园滑雪（跳台、道具、"U"型槽等）；

· 在窄雪道上使用较快的节奏练习；

· 闭眼滑雪（遮挡视线、闭眼）；

· 教学雪道设置：回转路线、障碍模型、特殊赛道设置（2

条、3 条或 4 条回转路线，雪道垂直落差 8 ~ 10 米，水平距离
4 ~ 5 米，设有多个旗门转弯等）。

4. 赛道滑雪

总计不超过 90 天 / 年，雪上练习不超过总练习时间的
80%（包括比赛时间）。

（1）项目：大回转，50%；旗门间最大距离为 27 米

·在适中的大回转设置条件（中等难度地形，使用短旗门）
下练习；

·在适中的大回转设置条件（使用一般旗门和其他标示物，
比如矮树丛、短旗门，还可以用小树枝标出线路）下练习；

·练习起步姿势（点杖、蹬雪、交叉步基础）；

·在波浪道上高难度大回转障碍模型的练习（使用短旗门、
跳台）；

·在高难度障碍模型范围内练习有障碍设置（低难度跳台）
的大回转。

（2）项目：回转，30%；旗门间最大距离为 11 米，最小
距离为 6 米

·在适中的回转设置条件（中等难度地形，使用短旗门）
下练习；

·在适中的回转设置条件（中等难度地形，使用一般旗门）
下练习。

（3）项目：超级大回转，20%；要将大回转练习的所有天
数计入总的练习天数

· 在超级大回转设置条件（低难度地形）下练习；

· 练习超级大回转技术基础（低难度地形，分步训练）。

5. 比赛体系

总计不超过 25 场比赛。

（1）大回转比赛（组织者：滑雪俱乐部和滑雪联盟）

· 国家杯竞赛（4 场大回转比赛、1 场平行大回转比赛、1 场全国比赛）；

· 地区杯竞赛（3 场大回转比赛）：旗门间最大距离为 27 米；

· 根据国际滑雪联合会规定，比赛 2 轮；

· 集体赛道检查（14 岁以下和 16 岁以下）；

· 每月可举行 3 场大回转比赛（12 月、1 月和 2 月都可以举行），每周只能有 1 场比赛。

（2）回转比赛（组织者：滑雪俱乐部和滑雪联盟）

·国家杯竞赛（4 场回转比赛、1 场超级回转比赛、1 场全国比赛）；

·地区杯竞赛（3 场回转比赛）：旗门间最大距离为 10 米，最小距离为 6 米；

·根据国际滑雪联合会规定，比赛 2 轮；

·每月只能举行 1 场回转比赛（1 月、2 月和 3 月都可以举行），每周只能有 1 场比赛。

（3）超级大回转比赛（组织者：滑雪俱乐部和滑雪联盟）

·国家杯竞赛（3 场超级大回转比赛、1 场全国比赛）；

·地区杯竞赛（无）。

和一流运动员合作意味着你可以获得取之不尽的数据。

第 12 章

克服恐惧

过去有很多教练制订了不同的参数，但有些参数的值完全不同。这些参数不同的值有时自相矛盾，以致在实践中不可能成功实现。但我分析了已取得成功的滑雪运动员的训练过程后发现，这些参数是可能成功的。这证明了在解读运动的成功时，我们必须考虑运动员的练习环境，不能忽略每个运动员的具体情况。

世上并不存在可以保证运动员一定能取得成功的万能计划！

教练们通常每年会对自己的成功教学模式进行调整和更改。实际上，他们应该这么做。

我再补充一点：有很多外部因素（天气、雪道坡度的可用性、运动员潜在的运动损伤、学校课程、比赛日程等）会反复干扰并影响目标的实现，这要求教练去寻找解决方案，所以教练不可能完全将训练计划落实到各个方面。

年度训练计划是基本方略，帮助教练管理每年的训练过程。年度训练计划的内容实际上应该遵循两个基本目标：一是在某个特定时期（通常是在重大比赛中）取得高水准的表现；二是年度训练计划是长期训练计划的一部分，是实现目标的短期计划，其目标是最终成果。这两个目标紧密地联系在一起，有时也会产生矛盾。当教练明显加大专项化训练并希望运动员提高竞技水平时，问题随之而来，即教练会同时忽略运动员的全面发展。从长远来看，这是影响运动员达到预期水平或最高水平的因素之一。

不管怎样，教练都不应该失去勇气，不要害怕做计划，而要大胆地做决定，最重要的是教练不应该失去追求美好事物的决心。即使实践清楚地表明运动员不会一直都成功，但对失败的恐惧也不应该限制运动员前进的脚步。任何恐惧都只是暂时的，但遗憾可能会持续一生。

> "如果追求成功是建立在对失败的恐惧之上，就如同你的一生都陷入了对死亡的无尽恐惧中一样。"

很多成功人士曾失败过无数次，但他们从未放弃。他们只是相信自己在做的事情。托马斯·爱迪生在尝试了 1 万次之后才成功发明了家喻户晓且至今仍在使用的灯泡，而其中很多次尝试他并不认为是失败的。他说："我并没有失败，我只是发现了 9999 种行不通的方法。"

> 如果你毫无疑问，那么只能表示你很自大。生活中不会事事都如意。

恐惧和期望

恐惧是人类普遍存在的一种感受。从进化的角度来说，恐惧可能是人类最原始的条件反射，因为这种反射会使人逃离危险，并且在挑战中生存下来。即使数百万年过去了，这一点仍未发生任何改变。

人类似乎仍然暴露在各类"捕食者"的面前，只不过今天的"捕食者"是各种高压环境。如一封电子邮件、职场压力、网络媒体、交通堵塞等都会引起人们的焦虑。

现代社会中，在我们面对的难题中最难的是真正理解我们身上到底发生了什么。打个比方，我们不再被狮子攻击，而是被日常生活压力攻击。

了解什么是真正的恐惧和焦虑，它们何时会出现，何时需要特别注意等至关重要。在这种情况下，直接面对并控制它们是唯一的方法。

> 在运动领域，运动员在体育比赛中对成功的渴望和为成功展开的残酷竞争往往会产生相似的情感。
>
> 许多运动员，尤其是青少年运动员都经历过彷徨不安和对失败的恐惧，他们失败过、失望过，也犯过错误，甚至重复犯错等，还遭受过"如果……会怎么样？"的心理压力的折磨。

非理性的恐惧、焦虑感和局促感在滑雪运动员表现出来之前就已经妨碍了他们获取知识。所以，青少年运动员应该了解或学习恐惧从何而来，以及克服的办法等，从而在最关键的时候展现出自己最好的滑雪技术。

总之，一名成功的运动员不可能会有明显的焦虑状态。

体育运动中的恐惧

在大多数情况下，人们在体育运动中表现出的恐惧主要来源于对运动表现的重视以及过于担心别人如何看待自己表现的心理。

也许运动员能从下面的例子中找到自己的身影：

害怕失败：非常想赢但又害怕赢不了；

害怕负面的社会评价：害怕其他人认为自己在滑雪运动上是个失败者；

害怕尴尬：害怕会因为自己的表现而感到尴尬；

害怕让别人失望：不想让教练、父母或队友们失望；

害怕受伤：害怕在训练或比赛中受伤；

害怕疼痛：害怕在练习或比赛中受伤而感到疼痛（如因为练习或参加了一场艰难的比赛而使身体产生酸痛）；

害怕辜负别人的期望：害怕辜负人们对自己的期望；

害怕被拒绝、丢脸和不受认可；

害怕犯错：尽管已经接受了大量训练，但依然害怕失败或表现不佳。

恐惧从何而来

一切要从期望和完美主义的关系说起。

过高的期望本身会导致无法满足的恐惧。这种恐惧主要源于高标准的完美表现或对终极成功的渴望，然而现实中，我们很有可能无法实现目标。期望越高，犯错的空间就越小。越是要求完美，我们就越不可能达到期望的目标。

期望＋完美主义者的态度→恐惧（害怕辜负人们的期望）

注：人们在一定程度上拥有这种恐惧是为了成功地完成任务。

极度追求完美的滑雪运动员由于害怕犯错而常常无法展示出自己的最佳状态。这些运动员都明白令人失望与完美的滑雪表现和胜利毫无关系。

我们来看看运动员对完美的过度追求是如何直接或间接影响其感知恐惧和不安全感的。

完美主义运动员的特点和恐惧的表现

完美主义运动员的特点	恐惧的表现
高度的积极性和良好的职业道德＋过多的情感投入	你有着强烈的成功欲望，工作也很努力，但你渐渐地感到孤独和不安，担心自己即使接受过大量训练，但还是滑得不够快
不切实际的期望	当你辜负了别人的期望时，你很容易沮丧，然后更加努力地去避免失败
喜欢在训练中通过自我表现来培养自信	你在练习中感到舒适，但你在比赛中缺乏自信，在比赛中感到焦虑

完美主义运动员的特点	恐惧的表现
有着强烈的成功欲望，想要在运动中获胜	害怕犯错的心理导致你犹豫不决、意志不坚定
由于对自己的高期望而聚焦于结果（奖牌）	担心失败而让表现得紧张、焦虑，并开始失去自信心
认为如果滑得不够快，别人就会批评自己的表现并且对自己感到失望	每当你的滑雪表现辜负了别人的期望时，你就会感到自尊心受挫

运动员关于恐惧和期望的实例

❄ 实例 1

期望：我必须要战胜一切，打败所有人。

恐惧类别：害怕失去。

正确的想法：我已经准备好了接受失败。

你想着自己不能被打败，就会用力过猛而犯错，从而间接地给对手打气，而不是战胜对手。换言之，如果你承认自己有可能失败，那么你就会有更多的精力去争取胜利。

你不这样认为吗？我们假设你赢了一场又一场比赛，接着有一场比赛你获得了第二名，又有一场比赛你是第五名。那么你会有什么反应？你能控制其他人滑的速度吗？你不能！所以，你要把比赛看作是日常挑战。在挑战中，一切皆有可能，当然也包括失败。把挑战当作一次机遇，让自己在某个特定时刻展现一切你所知的最美好的事物，仅此而已。

不要让其他事情占据你的头脑，要战胜自己！

❄ 实例 2

期望：我一定要达到别人对我的期望。

恐惧类别：让别人失望。

正确的想法：我已经做好让自己和别人失望的准备了。

你的一生中会让自己、让别人失望很多次。也就是说，人们（包括你自己）经常会对别人抱有期望，也会有失望。如果你能提前明白这些，就能够轻松看待失望了。

切记：期望就只是期望。如果最后你并不能满足期望，那么也没有义务证明给其他人或自己看。你越是强迫自己去做，你离目标就越远。你必须放下你要按照别人的期望去做事的包袱。

❄ 实例 3

期望：只要我出一点错，事情就变糟了。

恐惧类别：害怕犯错。

正确的想法：我可能会犯错。

极度害怕犯错的一种表现是不停地质疑自我。如果我犯了错是不是就意味着我是个失败者？

你总是想着要怎么做才不会犯错、不会失败，所以你在滑雪时会有意无意地变得很谨慎，在整个滑雪过程中就会变得很僵硬。你的内心完全被恐惧占据！

> 害怕犯错反而会让你专注到你不希望发生的事情上。你最终会因为你的紧张不安、犹豫不决和充满疑惑而没带来真正成功的表现。

❄ 实例 4

期望：时刻保持健康、做好身体准备。

恐惧类别：害怕疼痛和受伤。

正确的想法：可能会有点疼，而且我也不总是处于最佳状态。

你越是害怕受伤就越可能会受伤。关键是你要先发制人，想一想预防受伤的方法。当然，如果你受伤严重，那就必须要正确应对。

❄ 实例 5

期望：融入群体，至少要和别人一样优秀。

恐惧类别：害怕被拒绝。

正确的想法：可能不是所有人都一直喜欢我。

"我就是我，我是我自己。我是我人生旅程中独一无二的自己。"

> 不要再拿自己和别人比，你只需要做好自己，否则你将永远都不知道自己是谁。

❄ 实例 6

期望：所有的训练和比赛都必须完美。

恐惧类别：害怕不完美。

正确的想法：完美不总是最好的选择。

> 生命从来都不完美！你知道了这一点，生活就会变得更轻松。

❄ 实例 7

期望：我要在比赛过程中表现得很强大、轻松自在。

恐惧类别：害怕比赛太难熬。

正确的想法：准备好在比赛或在练习中吃苦，准备好艰难地赢得比赛（就算表现不太完美，也要实现目标）。

很多时候，你在训练中或在比赛中都会感到难受，这一点也不稀奇。

> 你越是不在意让自己感到舒服的想法，就越容易在身体不佳的情况下实现目标。

在比赛中，尤其是在决赛中，你越是害怕在比赛结束前就筋疲力尽，你的心理就越脆弱，压力就越大。请记住，比赛首先是你与自己的战斗，而不是以躲避疼痛为目标，你不仅要全神贯注，还要战胜自己。

注：了解运动员对体育运动的恐惧的类型在很多时候可以帮助他们为比赛做好准备，帮助教练更好地观察运动员，了解恐惧会给运动员的滑雪表现造成的负面影响。最重要的是运动员要尽量保持高度自信才能取得出色的滑雪表现，而自信通常与低焦虑水平相关。

在比赛中释放焦虑情绪的方法

释放焦虑情绪就是要多注重效率，而非完美程度。换句话说，我们不一定非得完美无瑕才是最优秀的！我们只是凡人，不管你多么渴望完美，我们从来都不完美。我们还是会经常犯错，而且我们必须接受这一点。

· **害怕主导的心理**

"我想的是今天的比赛，我一定要快点滑，好让教练和父母高兴。"

· **获胜主导的心理**

"我想的是只要按照比赛计划完美地完成单次转弯，就能轻松自在地滑雪，胜利就会手到擒来。"

不要在乎别人的看法

·仔细想一想你为什么会那么在乎别人的看法。

·不要再去了解别人的想法，平时也不要这么想，只关注当下。

·知道自己是谁。不管别人怎么看待你的滑雪表现，你都是为自己而滑，并且只为你自己。

·不要指望你能得到别人的尊重和敬仰。如果你能尊重自己，就不需要别人的尊重。

·区分自己与优秀滑雪者的不同。滑雪只是你生活中的一部分，它并不能够决定你是谁。你要明白，你首先是人，其次才是滑雪者，不要本末倒置。

直面恐惧

直面恐惧就要：

·**关注成功的滑雪表现以及你渴望的事情。**永远都不要有"我就知道我肯定会失败的"这种想法。你要设立一些积极向上的目标，根据计划奋斗到最后。

·**关注滑雪表现，而不是害怕失败。**对失败的恐惧会让你一直担心失败。你的任务是在滑雪过程中的每时每刻都保持专注。

·**接受比赛挑战，不要害怕失败和承担后果。**期待滑雪比赛。

·**滑得简单点，不要在比赛中想得太多**。想得简单点，相信自己的比赛表现。

·**以轻松自在的心理滑雪**。不要老想着失误，不要有心理压力。要懂得犯错只是学习和比赛过程中的一部分。恐惧是一种集心理状态、行为和生理反应为一体的特殊感受。

只有了解恐惧从何而来，何时会感到恐惧，以及何时需要我们特别注意等问题，我们才能直面恐惧，并且一次又一次地战胜恐惧。

在这一章，我在莎拉·伊萨科维奇的帮助下介绍了帮助青少年滑雪运动员克服恐惧的方法，提出了滑雪时正确的想法。我再说一遍，青少年滑雪运动员要知道恐惧是什么，它通常在何时产生，何时需要特别注意。

> 化解恐惧的方法是当你直奔它而去时，它就跑掉了。

恐惧这个话题并不新鲜，不仅在滑雪中，而且在其他领域也常常被提及。恐惧也是滑雪者在训练和比赛中，乃至职业生涯中极其重要的一部分。

● 不安、恐惧、焦虑

第 13 章

青少年滑雪教学案例

我想通过一个案例告诉教练教授青少年滑雪技术的重要性。我希望我 12 岁的女儿洛瑞（Lori）不要因为我选她做试验而记恨我，毕竟这个试验很难在其他孩子身上完成。

虽然用其他孩子做试验不是不可能，而是很难。因为大多数青少年都没有耐心，也没有做好在长期训练中取得高质量成果的准备。

> 我从来没有，也不会用结果来要求洛瑞。我们从一开始就只是把比赛当作一次高质量的训练、一次有吸引力的日常训练和一次日常挑战，是在特定时刻发挥出自己最佳表现的一次机会，仅此而已。

换句话说，洛瑞唯一要做的就是战胜自己，并超越自己的最佳表现。如果她做到了，那么她的阶段性目标就实现了。反之，她会更加努力地去发掘自己的潜力。

> 记住：比赛不是一定要取得成绩，而只是一次训练。如果你不明白这一点，那么你就不应该去参加比赛。

　　我和洛瑞花了大量时间来练习滑雪的基本技术，纠正滑雪的知识错误，改善滑雪的表现，提高她对滑雪各方面的理解。我们从一开始就遵循着"先成为一名出色的滑雪者，再成为一名滑雪运动员"的原则。

　　在洛瑞的成长阶段，她参与的竞争性训练很少，比赛成绩也不那么亮眼。但她的滑雪技术水平令人印象深刻。

　　我俩会在每个赛季之初达成一项协议，那就是她可以像其他人一样放弃滑雪。我对这件事非常认真！

　　当然，我希望她不要每次都太早地做出选择，但我会说服她做出不同的选择。到目前为止，我还没有这样做过。我希望她在做决定的时候是对自己负责，而不是因为我才选择滑雪，我也从来没有期盼过那样的结果。不管怎样，滑雪都是我的工作。

　　虽然我们不会对不切实际的结果抱有幻想，不会在比赛中陷入恐慌，不会连续多日针对旗门进行疯狂训练，但这绝不意味着我们没有比赛目标，或者洛瑞不进行赛道滑雪训练。相反，她在雪上的训练有一半是旗门滑雪，而且针对不同的赛道设置、不同的滑雪方式、不同的地形、不同的滑雪速度等方式进行训练，始终以掌握正确的高水平技术和高难度动作为目标。

　　在她开始滑雪俱乐部生涯之初，我就禁止她在大回转赛道设置下进行训练或比赛。尽管她 5 岁就加入了滑雪俱乐部（ASK Triglav Kranj 滑雪俱乐部），但她 8 岁半才开始进行大回转训练。

她在第一个滑雪赛季的比赛（10 岁以下年龄组）成绩很糟糕。即使如此，这并没有阻止我们继续研究滑雪技术，寻找滑雪的多样性，并提高速度上限，改善在各种条件下的滑雪表现和专项协调能力等。在 10 岁以下这个年龄段，比赛结果根本不是也不应该是头等大事。

后来，我们在雪上训练的天数逐渐增多。她在第二个赛季（依然是 10 岁以下年龄组）的滑雪表现就好多了。

她在赛道训练上花费的时间越来越多（约占 25% ~ 30%）。很快，她的滑雪技术取得了明显进步。尽管洛瑞的成绩不突出，但她通过努力掌握了高技术水平，很快就追上了其他人的成绩。

她在第二个赛季结束时，在 10 岁以下年龄组的成绩超出了所有人的预期。我承认我确实有些激动，我也不能一笔带过她在美国斯诺本森举行的回转比赛中以 5 秒的优势获胜。那是她第一次参加正规的采用短旗门标示的回转比赛，而且还是超高难度的比赛。

你可能会对她花在雪上的训练时间这么少而感到惊讶，包括第二个赛季的所有比赛时间，总共只有 50 天。再多几天训练我也同意，但总天数不能超过 60 天。对于 10 岁以下年龄组的运动员来说，这个滑雪训练量绝对足够。

体能训练是绝对不容忽视的，这与雪上训练一样重要。洛瑞从来没有放弃体能训练。更重要的是我们在前两个赛季中参与了嘻哈舞蹈练习、大量的平衡练习、本体感觉练习和感觉运动练习，以及其他运动项目练习。

适当的体能训练是所有后续练习的基础。滑雪运动员每年应至少参加 2 次基础测试，而高年龄组的运动员也应该参加专项体能测试。

最后，我想说：

> "体能训练可以反映出一名运动员的很多信息，不仅能反映他或她的运动能力，而且反映他或她对于训练的态度。"

事实是所有的比赛都有各自的复杂之处，我们的故事也是如此。

我分享我的个人经历的理由很简单，那就是我可以让某些人（父母、教练和其他人）的工作变得更轻松，甚至鼓励他们更多地关注滑雪知识、滑雪乐趣以及健康的竞技精神。

洛瑞可能永远都成不了顶级滑雪运动员，让我们把它留给时间吧。但我可以保证她绝对会成为一名出色的滑雪者，这一点我从来没有怀疑过，一瞬间也没有。

"如果你想赢,那么你就必须知道自己也可能会输。重要的是你要一次又一次地从头开始，以追求卓越为起点，并且不要害怕失败。"

后　记

　　滑雪教练和其他从业人员都有责任将新知识传递下去，而这份责任甚至比我们实际准备好承担的责任更大。

　　一方面，我们是高山滑雪世界的向导；另一方面，我们也是滑雪训练计划的设计者。我们需要不断地进行自我教育，并对新发现、新信息和新进步进行研究。

　　如果我们只是观察并模仿，那么很难在这条道路上取得成功。当我们漠视研发，陷入平庸并无法识别错误时，这条通往成功的道路就偏离了预期的方向。对自己的工作提出批判性意见是滑雪教学从业人员的基本素质。

　　在给运动员安排滑雪教学内容时，教练需要有长远的眼光，而且还要明白尽管我们拥有知识、方法和专业技能，但在青少年滑雪者的某个发展时刻，我们只是他们运动生涯中的一小片拼图。

　　滑雪运动员要在参赛组别中获得成功的可能性非常小。如果我们考虑到他或她所面对的竞争对手的数量之大，而且他们的实力相当，那么结果就显而易见，只有经过精心计划的准备才能在这种小概率事件中给我们带来希望。

　　我写本书的目的并不是为了批评或说教，而是想写下自己在滑过数千千米后明白的道理。而这些道理大多数是我在处理、观察或思考某些主题时所持有的观点。每件事都可以从不同的角度来看，具体取决于不同的事情对我们的重要性。

虽然我从来都不是一个理论家，但我一直在普通滑雪者和优秀的滑雪大师身上寻找答案。无论是训练体系的提出者、私人教练、国家队示范者，还是 UPS 团队中的一员，我都为能与优秀运动员一起工作而自豪。同时我也增长了知识、经验，并萌生了许多想法，也得出了结论。

在此，我要感谢一些帮助过我的人、与我合作过的滑雪运动员和教练。虽然我在此只列出了部分人员，但我要感谢帮助过我的所有人。

教练：菲利普·加特纳（Filip Gartner）、帕维尔·葛瑞丝克（Pavel Grasic）、安德烈·马西（Andrea Massi）、安特·科斯特里奇（Ante Kostelic）、托恩·沃格利内科（Tone Vogrinec）、杜桑·布拉奇克（Dusan Blazic）、托马兹·斯尔科维尼克（Tomaz Cerkovnik）、皮特·佩恩（Peter Pen）、亚内兹·斯密特克（Janez Smitek）、米兰·扎万（Milan Zvan）、克雷索·彼得罗维奇（Kreso Petrovic）、安德烈·路科兹克（Andrej Lukezic）、加斯珀·马基奇（Gasper Markic）等。

男滑雪运动员：博扬·克里扎奇（Bojan Krizaj）、鲍里斯·斯特里尔（Boris Strel）、洛克·彼得罗维奇（Rok Petrovic）、尤雷·弗兰克（Jure Franko）、尤雷·柯思尔（Jure Kosir）、雷内·梅勒库兹（Rene Mlekuz）、米蒂亚·昆茨（Mitja Kunc）、安德烈·米科拉维克（Andrej Miklavc）、格雷戈尔·戈里尔克（Gregor Grilc）、博斯特杨·克莱恩（Bostjan Kline）、赞·克兰耶奇（Zan Kranjec）、斯蒂芬·哈达林（Stefan Hadalin）、克兰蒙·柯西（Klemen

Kosi）、马丁·卡特尔（Martin Cater）、米哈·哈罗巴特（Miha Hrobat）、安德烈·斯波尔恩（Andrej Sporn）、洛克·别尔考（Rok Perko）等。

女滑雪运动员：蒂娜·梅兹（Tina Maze）、妮卡·弗雷斯（Nika Fleiss）、马泰亚·斯维特（Mateja Svet）、斯玻乐·普利特纳尔（Spela Pretnar）、安娜·德瑞维（Ana Drev）、莫基卡·苏哈多尔科（Mojca Suhadolc）、卡特娅·科伦（Katja Koren）、阿伦卡·多维赞（Alenka Dovzan）、乌尔斯卡·哈罗维特（Urska Hrovat）、安娜·科巴尔（Ana Kobal）、佩特拉·罗宾尼克（Petra Robnik）、马泰亚·罗宾尼克（Mateja Robnik）、蒂娜·罗宾尼克（Tina Robnik）、安娜·布

齐克（Ana Bucik）等。

最后我想感谢那些我最敬佩的人，他们是我创作本书最大的灵感来源，而且也代表着世界顶尖的滑雪水平。可爱的青少年们，无论你们是现在还是将来要从事滑雪运动，在寻找新方法、追求出色的滑雪表现和获得高水平的滑雪技术时，请保持对滑雪的兴趣。不要和他人竞争，只和自己竞争，用自己的最佳表现去评估自己的滑雪成绩。坚持自己的方式，相信自己正在做的事情，永远不要停止倾听和学习。你要按照自己的基本原则去提高极限，只要敢想，就没有什么是实现不了的。还有一点，唯一有价值的尊重就是自我尊重。

我谨以此书献给我的 3 个公主，她们是蒂娜（Tina）、洛瑞（Lori）和斯黛拉（Stela），感谢你们让我的每一天都充满了欢乐！

桑迪·穆罗维茨

作者简介

桑迪·穆罗维茨

· 蒂娜·梅兹（斯洛文尼亚）的示范者、梅兹团队的合作伙伴

· 妮卡·弗雷斯（Nika Fleiss，克罗地亚）的示范者

· 斯洛文尼亚滑雪示范队主教练

· UPS 训练体系的创始人

· UPS 雪地运动概念品牌的创始人和所有者

· 斯洛文尼亚国家滑雪选拔队的助理专家

· 《斯洛文尼亚国家高山滑雪计划》的负责人

· 作为运动员参加了 7 届（1991 年、1995 年、1999 年、2003 年、2007 年、2011 年、2015 年）INTERSKI 世界滑雪大会

· 斯洛文尼亚滑雪指导员协会国际合作负责人

· 国际滑雪教练员协会（ISIA）技术委员会成员、董事会成员、顾问

· 《立刃》的作者

· 视频《七步登天》的作者之一

· 俄罗斯国家教练员联盟（NRLI）的官方技术顾问

· ASK Triglav Kranj 滑雪俱乐部技术委员会负责人

参考文献

Murovec, S. (2006). *Na kanto! Sistem UPS*. Kranj: samozaložba.

Murovec, S., Maze, T. (2016). *7 do uspeha (film: izvlečki teksta)*. Kranj: UPS Production.

Lukežič, A. (2010). *Načrtovanje, izvajanje in spremljanje procesa treninga mladih alpskih smučarjev*. Diplomska naloga. Ljubljana: Fakulteta za šport.

Murovec, S. (2015). *Nacionalni program tekmovalnega smučanja*. Ljubljana: SZS.

Bompa, T. O. (1999). *Theory and methodology of training (4th Ed.)*. Champaign: Human Kinetics.

Dick, F. W. (2007). *Sports training principles*. London: A&C Black.

Hoffman, J. (2002). *Physiological aspect of sport training and performance*. Champaign: Human Kinetics.

Litt, A. (2004). *Fuel for young athletes*. Champaign: Human Kinetics.

Petrovič, K., Belehar, I., in Petrovič, R. (1987). *Po Rokovih smučinah*. Celovec: Založba Drava.

Ušaj, A. (1996). *Kratek pregled osnov športnega treniranja*. Ljubljana: Fakulteta za šport, Inštitut za šport.

Knight, B. (2010). *NIKE. Potovanje k boginji zmage*. Portland: Simon & Schuster.